EL OTRO

HERNAN LOPEZ ECHAGÜE

EL OTRO

*Una biografía política
de Eduardo Duhalde*

PLANETA

Diseño de cubierta: Mario Blanco
Diseño de interiores: Alejandro Ulloa

Cuarta edición: marzo de 1996
© 1996, Hernán López Echagüe

Derechos exclusivos de edición en castellano
reservados para todo el mundo:
© 1996, Editorial Planeta Argentina S.A.I.C.
Independencia 1668, Buenos Aires
© 1996, Grupo Editorial Planeta

ISBN 950-742-692-2

Hecho el depósito que prevé la ley 11.723
Impreso en la Argentina

Para Verónica, Camila y Manuel

No me acuerdo de ninguna elección, tampoco de ningún acto, campaña o caravana; menos todavía de cuando asumí la intendencia por primera vez y tampoco cuando llegué a la vicepresidencia o a la gobernación. Veo esas cosas por televisión y me parece que ese tipo es otro. Veo todo eso, o me lo cuentan, y yo me digo: "No puede ser, le pasó a otro".

EDUARDO DUHALDE

PALABRAS PRELIMINARES

Respecto de mi relato objetivo de los hechos, me fijé como principio no escribir la primera noticia que me llegara y no guiarme tampoco por mis impresiones generales. O bien estuve presente en los hechos que he descrito o bien oí hablar de ellos a testigos oculares cuyos relatos verifiqué con la mayor minuciosidad posible. Aun así, no resultó fácil descubrir la verdad: diferentes testigos oculares hicieron relatos distintos de los mismos hechos, hablando con parcialidad hacia un lado o hacia el otro, o por recuerdos imperfectos...

(TUCIDIDES, *Las guerras del Peloponeso,* siglo V a.C.)

A mediados de 1903, desde una de sus habituales columnas en el diario *New York World,* Joseph Pulitzer decidió responderles a quienes lo acusaban de ser un periodista "cruel e inhumano" que no vacilaba un instante en "destruir reputaciones". El populismo y el afán de expansión colonial se habían apoderado de la política norteamericana, y Pulitzer, a causa de la notoria ausencia de control público que caracterizaba a la administración del presidente republicano Theodore Roosevelt, había iniciado una dura cruzada contra los funcionarios y dirigentes corruptos.

La respuesta de Pulitzer, para sorpresa de los irritados políticos norteamericanos, fue amable y humana. "La misión del periodista de investigación, del escritor político", señaló, "no es otra que la de trazar con sus palabras una rendija en la vida de los dirigentes y desde allí, junto al lector, ponerse a husmear y a controlar; despojar a los líderes de su poder, aunque más no sea fugazmente, y de tal modo humanizarlos. Ayudarlos, en fin, a recobrar su mortalidad, que también es la nuestra".

Ha transcurrido casi un siglo y la reflexión de Pu-

11

litzer acerca de la misión del escritor político no ha perdido vigencia. Por el contrario. La corrupción en el poder político se ha magnificado y muchos funcionarios continúan comportándose como si fueran seres venidos del más allá, dueños de una inmortalidad y una impunidad dignas de admiración.

Han cambiado, sí, las armas que algunos funcionarios utilizan para permanecer en el poder, a salvo de denuncias, quejas o investigaciones, como si estuvieran instalados en una nube inalcanzable. Un fenómeno particularmente visible en la Argentina.

Nuestros gobernantes, gracias al alcance que tienen los medios de comunicación y a los sofisticados y costosos aparatos de publicidad que han montado a su alrededor, ofrecen una imagen tan compacta que muchas veces torna muy difícil abrir una mísera grieta.

El gobernador Eduardo Alberto Duhalde es quizá el ejemplo más acabado de esta clase de dirigentes que dan la impresión de haber salido de una factoría de políticos. Un caso en extremo complejo que trae a la memoria las andanzas del "Hombre Corcho", proverbial personaje porteño que Roberto Arlt supo retratar con genio en una de sus *Aguafuertes:* "El Hombre Corcho, el hombre que nunca se hunde, sean cuales sean los acontecimientos turbios en que está mezclado".

Ocurre que, al cabo de una rápida inspección, la apariencia del gobernador no es otra que la de un político de conducta irreprochable: eficaz en su gestión y en el contacto directo con la gente; buen marido y atento padre de familia. Un hombre, en fin, que a primera vista no presenta fisuras.

No obstante, a partir de las últimas semanas de 1994, cuando resolví dedicarme por completo a la investigación y redacción de este libro, mis cuadernos comenzaron a llenarse de indicios y pistas que echaban por tierra esa imagen de hombre intachable. Las voces que me hablaban sobre la participación de Duhalde en decenas de hechos por lo menos indecorosos eran muchas: algunas daban por cierta su responsabilidad en la organización y regencia del narcotráfico en la provincia de Buenos Aires; referían que había logrado la posibilidad de la reelección luego de haberles pagado doce millones de dólares a los convencionales del carapintada Movimiento por la Dignidad Nacional (MODIN); en tono de confidencia me sugerían que su empecinamiento en privatizar los casinos provinciales obedecía a la formidable comisión que le había ofrecido un grupo norteamericano; sostenían que, además de la fortuna de procedencia incierta que ha depositado en bancos del extranjero e invertido en el club Banfield, era flamante propietario de dos estancias legendarias en la zona más fecunda de la provincia de Buenos Aires; decían que el Fondo de Reparación Histórica del Conurbano Bonaerense no era otra cosa que un espléndido negocio político y económico mediante el cual ha logrado no ya adquirir votos y simpatías, sino también gruesas cantidades de dinero contante y sonante; afirmaban que ha conseguido moldear su imagen de hombre probo merced a un sutil mecanismo de información y publicidad fundado en la compra de periodistas e inversiones poco claras que superan largamente el presupuesto anual de cualquier provincia del norte argentino.

Los memoriosos, incluso, aseguraban que fue él quien alertó a los militares, en diciembre de 1975, sobre el operativo que iba a llevar a cabo el ERP contra el Batallón de Arsenales 601, en Monte Chingolo; favor que posteriormente, durante la dictadura, había de permitirle vivir en sosiego mientras sus compañeros del partido eran perseguidos, secuestrados y torturados.

13

"En estos líos", continúa Arlt, "espantosos de turbios e incomprensibles, es donde el ciudadano Corcho flota en las aguas de la tempestad con la serenidad de un tiburón. Tremendo, astuto y cauteloso, el Hombre Corcho no da paso ni puntada en falso".

Pero Duhalde, pude corroborar, algunas puntadas en falso ha dado. Del relato detallado de estos líos, y de otros acaso menores, se ocupa el libro.

Para la elaboración de este trabajo he consultado diarios, revistas, documentación pertinente, y entrevistado a más de cuarenta personas. Hice hincapié en la indagación de los sucesos más llamativos o misteriosos y dejé a un lado aquellos episodios que a mi juicio no contribuían a trazar esa rendija de la que hablaba Pulitzer.

Si el fortuito lector espera encontrar una cronológica sucesión de fechas, números, estadísticas y conjeturas aritméticas acerca de la vida de Duhalde —a la manera de los tradicionales textos de historia, o de las modernas compilaciones de recortes periodísticos—, sufrirá una gran desilusión. Porque aquí se relatan hechos, se describen personas y situaciones a partir de la observación propia o de las decenas de relatos que escuché y posteriormente corroboré. Me propuse conversar con todos los viejos amigos del gobernador; los que hoy lo acompañan en el poder y también los que lo conocieron de joven pero nunca jamás lo han seguido en la política. Algunos, gozosos de aparecer, aceptaron de buena gana ser mencionados: Juan Bruno Tavano (intendente de Lomas de Zamora); Graciela Giannettasio (directora de Escuelas del gobierno de la provincia de Buenos Aires); Daniel Castruccio (secretario de Asuntos Institucionales del Ministerio de Relaciones Exteriores); Antonio Arcuri (presidente del Fondo de Reparación

Histórica); Héctor Lence (empresario hotelero y transportista, diputado nacional por el PJ); José Luis Pardo (empresario, vicepresidente del Banco Mariva); Alberto Trezza (titular de la Unidad Ejecutora del Programa Ferroviario Provincial); Norberto Imbelloni (ex diputado nacional).

La mayor parte, en cambio, esgrimiendo razones atendibles, pidió no ser nombrada.

Los trámites para acordar una entrevista con el gobernador llevaron tres meses y decenas de llamados telefónicos y faxes. Pero por fin aceptó el encuentro.

Quiero hacer público mi agradecimiento a Laura Cohen y Silvina Corniola, estudiantes de periodismo que con gran ingenio y esmero colaboraron en el último tramo de la investigación; al periodista Norberto Vilar, en cuyo departamento de Villa Gesell floreció gran parte de la escritura del libro; a Miguel Aguirre, que supo resolver con presteza más de un inconveniente; a Carlos Ben, secretario de Comunicación del gobierno de la provincia de Buenos Aires, que siempre respondió a mis llamados y disipó más de una duda; a toda la gente de La Matanza, Lanús, Lomas de Zamora, Avellaneda, La Plata, Ayacucho y Tandil (periodistas, dirigentes políticos y sindicales, ex convencionales, empleados públicos, ex policías, vecinos, estudiantes de periodismo y abogados), que a lo largo de la investigación me brindaron todo su apoyo con una sola condición: no ser mencionados.

H. L. E.
Febrero de 1996

Primera parte

LOS PERSONAJES

1
Los amigos del Otro

La escena siempre es la misma; el gobernador echado en la hamaca paraguaya, con los brazos entrelazados y los ojos puestos en un punto inidentificable de la quinta, cavilando acerca de los pasos que aún le resta dar para instalarse, por fin, en el asiento que hoy ocupa otro monarca, viejo conocido suyo, un hombre que ya empieza a antojársele testarudo y gastado. El gobernador, pues, metido en pensamientos cargados de gloria, y a su alrededor, ruidosos y chabacanos, los amigos de siempre y los advenedizos de ahora que no están dispuestos a perderse siquiera un mísero bocado del futuro banquete.

Todos tienen en su aspecto algo que los distingue y les confiere sentido e identidad; algo que sólo es perceptible al cabo de minuciosas inspecciones: una leve torsión en el rostro, similar a la que produce un espejo estropeado; consecuencia, quizá, del legítimo arrobamiento que les causa el saberse poderosos, ricos e intocables. El gobernador y sus amigos dan la impresión de pertenecer a una gran cofradía que tiene al placer como el fin supremo del hombre: aman la buena vida, el vino noble, los chistes sobre gallegos, judíos y negros; los viajes por Europa y los Estados Unidos, el fútbol, los juegos de naipes por plata y la holgazanería. En los momentos libres suelen dedicarse a lo que ellos, en las conversaciones de sobremesa, denominan negocios, es decir, administrar municipios, secretarías, ministerios, empresas u organismos del gobierno.

Hugo David Toledo, el Negro, un hombre de facciones anchas y movimientos de primate, es sin duda el más animado. Con sus chistes y anécdotas concita la atención de uno de los tantos corros que se han formado en los jardines de la quinta Don Tomás. Entre las gruesas manos hace rodar una botella de Dom Perignon; a juzgar por el tamaño y el color rojizo que tienen sus ojos, no es la primera que ha descorchado. Las burbujas le avivan el entendimiento, razón por la cual descorcha y descorcha. Noche y día. Una costumbre que adquirió a partir de 1983, cuando de pronto, de la mano de su viejo amigo Duhalde, hizo a un lado la vida de escribano, dirigente barrial y amable prestamista, y pasó a ocupar un cargo público en el municipio de Lomas de Zamora, luego el sillón del intendente y ahora el Ministerio de Obras y Servicios Públicos del gobierno de la provincia de Buenos Aires. El Negro Toledo recuerda los tiempos de alcohol barato y trifulcas barriales —en un par de ocasiones, en los años sesenta, unos clientes iracundos lo persiguieron, revólver en mano, por las calles del barrio—, y lanza sonoras carcajadas.

A su lado, Antonio Arcuri, el Gordo, propietario de un vasto campo en San Vicente, cercano al de Duhalde, celebra las bromas del ministro Toledo tomándose la barriga y palmeándole el hombro al contador Luis María Cantarelli, especial amigo del gobernador y dueño, también, de un campo vecino a la quinta Don Tomás.

El Gordo Arcuri está contento y tiene sobradas

razones para estarlo. En poco menos de dos años, el gobernador recompensó su fidelidad con dos presentes excepcionales: primero, la administración del Ente del Conurbano Bonaerense (setecientos millones de dólares al año, a salvo de controles enojosos, para invertir en obras de tinte proselitista); luego, la división del distrito de San Vicente en dos comunas, gracia que le ha permitido a su mujer, Brígida Malacría de Arcuri, ganar unas elecciones que de otro modo habría perdido, y así hacerse cargo de la intendencia de San Vicente. Cuando se refiere a las complejas obras que lleva a cabo el Ente, el Gordo frunce el entrecejo y sus ojos despiden un brillo tortuoso, como si pensar fuera toda su dolencia; quizá por ese motivo deja que las explicaciones salgan de la boca de Cantarelli, secretario administrativo del organismo. Cantarelli es un hombre aplicado como pocos, un hombre numérico, habituado a compendiar los sinsabores de la existencia mediante el uso continuo de la partida doble.

A la derecha del Gordo Arcuri, Alberto Trezza, el Rata, propone un brindis por el futuro Presidente. Es bajo, algo regordete, parecido al gobernador. En realidad, aquí todos se le parecen. El Rata Trezza, presidente de la Unidad Ejecutora del Programa Ferroviario Provincial, hace alarde de su amistad con el gobernador, al que conoce desde adolescente, y memora con melancolía los nueve años que pasó en Catamarca, enviado por Duhalde para colaborar en las campañas de los Saadi. "No hubo mejor peronista que don Vicente, y, salvo el Negro Duhalde, no hay mejor que Ramoncito", dice.

Juan Bruno Tavano, el Tano, intendente de Lomas de Zamora, busca con la mirada a Chiche, la mujer del gobernador. Quiere saber qué pasa con las ostras, que no aparecen. A causa de su estatura, el Tano es el que más desentona. Debe de medir un metro noventa. Su cara, impetuosa, en la que se desta-

21

can unos ojos claros, vivaces, y una nariz achatada, ha sido moldeada a los golpes: entre 1956 y 1960 fue boxeador aficionado, peso medio pesado; veintiocho peleas, de las cuales perdió sólo tres, empató dos y las restantes, en su gran mayoría, las ganó por KO. Le resultaba trabajoso mantener la línea, de modo que un buen día, harto de los continuos baños turcos y los huevos crudos en ayunas, mandó al diablo los guantes, pasó del ring a las peleas callejeras, y buscó mejor fortuna en la jardinería y en la venta de canarios maltrechos en el hall de Constitución. El Tano dice que el gobernador es un hermano que lo libró de la miseria y le despejó el camino hacia la buena fortuna, así como el sitial de intendente de Lomas.

Algo más retraído, Osvaldo Mércuri, el Pelado, observa con recelo al Tano, quien alguna vez le prometió cachetearlo. Prefiere hablar sobre el campo que se ha comprado en San Vicente, para no perderle pisada a su amigo el gobernador, y detallar las remodelaciones que está realizando en su mansión de media manzana en Lomas de Zamora: cancha de paddle cubierta, ampliación de la pileta y otros detalles que le tornarán más agradable su vida como presidente de la Cámara de Diputados de la provincia. A menudo se siente un extraño entre esa gente; supone que ya no lo quieren: tal vez por ser el único hincha de Los Andes, o, cosa que más lo atormenta, que lo consideran un tímido sin futuro alguno; en esos momentos, el Pelado carraspea, imposta la voz y refiere, una y otra vez, sus fantasmagóricos encuentros con Bill Clinton, de quien se dice amigo y compinche.

Metros más allá, a orillas del lago de mentira, otro de los circunstantes, Graciela Giannettasio, directora general de Cultura y Educación (o simplemente de Escuelas, da lo mismo), sonríe una sonrisa pícara y sorbe vino tinto de una copa. A pesar de su edad —acaso cincuenta años—, de unas piernas lige-

22

ramente combadas y un trasero que en vano pretende sostener erguido, conserva en los modos y en la mirada un melancólico aire de seductora que, en más de una oportunidad, excita la imaginación del gobernador y sus amigos. Con voz pausada, casi susurrona, Graciela vaticina su futuro: tal vez un ministerio, quizá una secretaría. Con una secretaría ella estará satisfecha. "Secretaria de Estado suena lindo, ¿no?"

A Daniel Castruccio, secretario de Asuntos Institucionales de la Cancillería, las palabras de su amiga le parecen cargadas de apresuramiento. Dany da la impresión de ser el más recatado del grupo; su paso por distintas áreas del poder nacional —ha sido, entre otras cosas, secretario de Justicia en tiempos del ministro León Arslanian— parece haberle brindado un aplomo difícil de apreciar en los otros miembros de la arrogante y alborozada barra de Lomas de Zamora.

Alberto Pierri, el Muñeco, erra por el inabarcable jardín en compañía de Héctor Lence, el Ronco. Conversan de negocios. El Muñeco anda cabizbajo. Su pesadumbre no guarda relación alguna con las decenas de denuncias sobre coimas y reclutamiento de patotas que algunas vez le fueron formuladas, y de las que supo escabullirse con elegancia, y tampoco con el entrevero de ambiciones que lo circunda. No. El sabe que, a cambio de fidelidad y buena prestación personal, siempre habrá de administrar algún feudo. Es la situación económica lo que le causa un malestar indisimulable; un estado de cosas, dice, que ha metido a su empresa papelera en un brete, motivo por el cual no tiene otro remedio que importar papel higiénico de Venezuela, envasarlo en su fábrica y venderlo como si fuera nacional. Porque Pierri, por sobre todas las cosas, es un empresario. Un empresario de la política que llegó tardíamente al justicialismo, en 1985, gracias a las toneladas de papel que do-

23

nó a la renovación que lideraba Antonio Cafiero y, simultáneamente (cosas de empresario argentino: los unos y los otros), al dinero que le obsequió al peronista arcaico Juan Carlos Rousselot para su campaña electoral en Morón.

El Ronco Lence, que debe su apodo a un furioso golpe de frío que le arrebató parte de la voz cuando tenía ocho años, lo comprende. El también es un empresario, y de los poderosos: dueño del Hotel-Casino Sasso, de Mar del Plata; principal accionista de la empresa de transportes El Cóndor-La Estrella y propietario de una serie de agencias de turismo cuyos nombres prefiere reservarse. Tamaña experiencia movió al amigo Duhalde a impulsar su designación como director del Banco Nacional de Desarrollo, en 1989, y, años después, confiarle la organización de los Juegos Panamericanos en Mar del Plata, misión ésta que, debido a los virtuosos contactos del Ronco con el mundo del turismo y la hotelería, les proporcionó a ambos algunos beneficios.

Alberto Piotti, secretario de Seguridad de la provincia, no ha venido a la quinta. Al parecer estimó más placentero pasear con su viejo amigo Juan Carlos Rebollo, comisario inspector, jefe del Cuerpo de Seguridad Islas (cargo estratégico en la zona del Delta). Piotti conoce a Rebollo desde 1987, cuando juntos se dedicaban a comandar allanamientos, en busca de drogas, en sugestiva compañía de los muchachos del grupo parapolicial PROLATIN. Ahora acostumbran reunirse para conversar sobre el asunto que más les compete: drogas. Hablan. No resulta sencillo formarse una idea acerca de los términos de sus conversaciones, pues a Rebollo se le inició un sumario en 1987, a raíz, justamente, de su presunta vinculación con el narcotráfico; entonces ocupaba un relevante puesto en la Dirección de Toxicomanía de la Policía de la Provincia de Buenos Aires, en Ramos Mejía. Pero el comisario inspector, al igual que tantos otros, regresó, y lo hizo de la mano de sus dos amigos, el gobernador Duhalde y el secretario de Seguridad y ex juez federal Piotti.

A Enrique Pedro Gutiérrez, en cambio, directamente no lo han invitado. Ocurre que a Quique es mejor tenerlo distante en tiempos de campaña, dice el gobernador; consigo arrastra nubarrones que de improviso pueden caer sobre las cabezas de todos. Quique está molesto. Conoce a Duhalde desde chico, fue funcionario en todas sus gestiones —secretario de Obras Públicas en la intendencia, director de Transportes en la gobernación— y ahora lo han hecho a un lado. Cierto es que en 1984, con una celeridad pocas veces vista, pasó de ser un enflaquecido visitador médico a terrateniente en Brandsen. Quique profesa una gran admiración por el gobernador y sus amigos. En cuanto a él, sin haber tenido una conducta muy distinta de la que ostentan ellos, ha caído en un despeñadero: una causa abierta por presunta propensión a la exigencia de coimas.

Carlos Mao, el hombre que a lo largo de años lustró los zapatos del gobernador, ha corrido la misma suerte que Gutiérrez. Hay quienes conjeturan que su presunto parentesco con el miembro de una banda de secuestradores y asesinos llevó al gobernador a apartarlo de un golpe rastrero. El lacayo y emisario de asuntos personales del gobernador anda simplemente rabioso, de modo que se ha puesto a narrar por allí historias inverosímiles que hablan de amantes, vicios improbables y profundas depresiones.

El Ronco Lence y el Muñeco Pierri arrastran los pies por los jardines de la quinta del gobernador; el Rata Trezza, el Gordo Arcuri, el Tano Tavano y el Negro Toledo continúan repartiéndose a dentelladas la comarca. El Pelado Mércuri, víctima de un ataque de incertidumbre, ha preferido apartarse del grupo y buscar amparo a la sombra de un paraíso; no sabe qué hacer con las 320 bocas de luz que tiene su residencia. Dany y Giannettasio hablan animadamente sobre los años locos, así dice ella, los años locos de la militancia y las ideas absolutas.

Los gritos de Chiche hacen que la escena se detenga. Todos vuelven la mirada hacia una de las tranqueras de la quinta. Ha llegado el Chicho. O José Luis Pardo. Depende. Otro empresario amigo que a la hora de presentarse no anda con vueltas: "Soy principal accionista y vicepresidente ejecutivo del Banco Mariva; soy presidente de Activa, la aefejotapé; soy presidente de la Cámara Argentina de Administradoras de Fondos de Pensión; soy miembro de la comisión directiva de la Asociación de Bancos de la República Argentina; tengo concesionarias de Mercedes; soy dueño de Lonco Hue, importadora de autos...Bah, tengo bastantes cosas".

A diferencia del resto, Chicho es de los nuevos, un amigo, por tanto, quizá desprovisto de visibles máculas. "Con el Negro", dice, "nos encanta viajar con nuestras mujeres por Europa". Se granjeó la confianza de Duhalde en 1989, luego de haberle entregado unos cuantos miles de dólares para la campaña electoral de aquel año. Se habían conocido en las plateas de Banfield, fanatismo que comparten y que los ha llevado a realizar inversiones conjuntas para el club: la compra del arquero Angel David Comizzo, la del volante Guido Alvarenga, entre otras. Más allá de la administración de su múltiples bienes, Chicho se ocupa de la organización de los partidos de fútbol semanales donde el gobernador se aventura como centrofoward. En esas ocasiones, jueves y domingos, en la residencia de Chicho o en la quinta de Duhalde, los amigos del gobernador son otros: los Fucito (propietarios de la Cooperativa de Seguros Omega); los Portel (dueños de la fábrica de ropa deportiva Nanque S.A.); Roberto Santamaría (arquitecto); Raúl Vao (ingeniero); Benito Clausi (propietario de un taller mecánico); Carlos "Pecho" Ferreyro (contador jubilado de IBM); Carlos Paternó (rematador); Zepa Bordazar (gerente de Activa); el urólogo Ricardo Rosendo, arquero del equipo de Duhalde; los hermanos Jorge y Carlos Taboada (este último el secretario de la Sociedad Distribuidora de Diarios Revistas y Afines); el cantante Eddy Sierra; el ex jugador profesional de Banfield y Boca Juniors Juanchi Taverna; Pico Farsante (vecino de San Vicente, distribuidor de cereales); el Tumba Lombardo (dueño de una funeraria de Lanús). Cada vez que se hace una escapada a la Argentina, en alguno de los equipos se mete Nino Benvenutti, estrambótico representante del gobierno de la provincia de Buenos Aires ante la Comunidad Económica Europea.

Luego del partido comen asado, cuentan chistes y toman. Y Chicho y Duhalde y el que fuere se abandonan a largos partidos de mus, jamás por menos de mil dólares la vuelta, que rara vez finalizan antes de las tres de la mañana.

Los amigos del gobernador son voraces en el sentido más lato de la palabra. Mastican canapés y empanadas, pizza, caviar y ostras; toman vino y champán con fruición, y, sin ocultar sus apetencias de poder absoluto, se hunden en conjeturas acerca de la suerte que correrá cada uno de ellos cuando el Negro ocupe el sillón de la Casa Rosada. Uno se figura ministro; el otro, gobernador; los menos presuntuosos se conforman con secretarías e incluso la dirección de algún organismo dependiente de la Presidencia. Todos tienen la certeza de que el Negro no los dejará librados a la buena de Dios. De una unidad básica de Lomas salieron juntos, hace ya más de veinte años, y juntos, presumen, continuarán.

—El menemismo cumplió su etapa. Ahora vuelve el peronismo —dice Toledo.

(En la quinta Don Tomás, el único indicio de la existencia de Menem es un caballo al que el gobernador, con afecto, desde luego, ha bautizado El Turco: un animal manso y obediente, de monta fácil.)

El gobernador Duhalde observa la escena y piensa; Carlitos Tempone y Abelito Morán, sus secretarios privados, le hacen compañía. El gobernador ya está habituado a sentir en la nuca el aliento de sus dos amigos de infancia; también, desde luego, la respiración mentolada de Carlos Ben, secretario de Comunicación Social, y los chasquidos de la lengua de Jorge Carlos Venini, asesor y suerte de agente artístico del Negro.

—*Lo importante de la gente que me rodea es que sean buenos tipos y que no tengan ningún antecedente, cosa que averiguo. Siempre estuvieron a mi lado. ¿Por qué no van a estar cuando sea Presidente?*

2
El hombre del Otro

Sus buenos amigos aseguran que era un hombre ocurrente. Cada vez que le preguntaban en qué año había nacido, Alberto Bujía, el Negro, picardeaba:

—Aunque te parezca mentira, nací en 1966, en mayo de 1966.

A continuación se echaba a reír y cambiaba de tema.

Y no es improbable que Bujía hubiera nacido en aquel año, aunque en 1966 ya rondara los treinta. Ocurre que, como suele decirse, el que se salva de la muerte empieza otra vida. Y la vida del hombre que a lo largo de trece años fue el brazo derecho de Eduardo Duhalde estuvo signada por una equilibrada sucesión de muertes sin dueño y fortuitos nacimientos.

En la noche del viernes 13 de mayo de 1966, pocas semanas antes del golpe militar que encabezó el teniente general Juan Carlos Onganía, los hombres de Augusto Timoteo Vandor, cerebro de las 62 Organizaciones, asesinaron al dirigente metalúrgico Rosendo García y a los militantes sindicales Domingo Blajaquis y Juan Zalazar. El hecho ocurrió en el bar y pizzería La Real, situado en Mitre y Sarmiento, Avellaneda.

Entre los vandoristas que dispararon, además del propio Vandor —quien, a juzgar por la investigación de Walsh en ¿*Quién mató a Rosendo*?, habría sido el autor del disparo que le atravesó la espalda a García—, estaban Armando Cabo, Norberto Imbelloni, Raúl Valdés, Luis Acosta y otros cuyos nombres no vale la pena recordar.

El nombre de pila de Acosta, jefe de los guardaespaldas de Vandor, era en realidad Arnold. Un nombre que según el Lobo movía a suspicacias.

—Suena raro, pibe. Parece trosko, ¿no? Mejor te llamamos Luis —le ordenó Vandor un día, y, con sorna, añadió—: A veces, en estos asuntos, es conveniente usar nombres artísticos, che.

Debido al aquelarre que fue esa noche La Real, y en especial al sistemático encubrimiento de pruebas, jamás pudieron conocerse a ciencia cierta los nombres de los autores directos del triple asesinato. ¿Vandor? ¿Acaso Cabo, Valdés, Acosta o Imbelloni? En el interior de La Real había doce vandoristas, si se excluye al finado Rosendo.

Sin embargo, en la vereda, junto a la entrada de la calle Sarmiento, hubo otro hombre cuya misión, por tratarse de su primer trabajo de relevancia, consistió en controlar el movimiento callejero y, si fuera necesario, sumarse a los que estaban dentro; era un tipo bajo pero vigoroso, de piel oscura y pelo lacio, aceitoso y negro, que le caía sobre las orejas: el Negro Bujía era entonces un hombre dicharachero, con aires de galancete de barrio a pesar de su incorregible aspecto sombrío. Lacayo y discípulo de Acosta, éste se lo había presentado a Vandor de modo singular:

—¿Vio, jefe, que la gente habla de los diamantes en bruto? Bueno, este muchacho de diamante no tiene un carajo, pero bruto y obediente es, se lo aseguro.

Cuando oyó el primer disparo, Bujía se aproximó

de un salto a la puerta de La Real y desde allí, con los párpados bien apretados, se puso a disparar a lo loco con su revólver calibre 38 sobre la mesa que ocupaban el Griego Blajaquis y sus compañeros. Acosta ya le había indicado que aquéllos eran los troskos que pretendían dividir al movimiento obrero.

Después de vaciar el tambor, Bujía puso los pies en polvorosa.

Si aquella madrugada de mayo de 1966 —mientras en su cuarto de una pensión de Quilmes limpiaba el arma que había utilizado horas antes en La Real— alguien le hubiera presagiado que años más tarde se convertiría en el protector, consejero y hacedor de la bienaventurada carrera política de un tal Duhalde, el Negro Bujía se habría puesto a carcajear como un arlequín.

A partir del triple asesinato de La Real, hazaña que en las noches de copas y lujuria solía referir con una circunspección rara en él, el Negro Bujía comenzó a adquirir buena reputación entre el matonaje sindical. Peronista ortodoxo y llano, fiel como un perro faldero, los dirigentes empezaron a disputarse sus servicios. En la puja triunfó Victorio Calabró, hombre afecto al juego, tenebroso tesorero de la Unión Obrera Metalúrgica.

Bujía se entregó por completo a su nuevo jefe; fue chofer, guardaespaldas y hasta levantador de quiniela en la zona sur del conurbano. Cuando en mayo de 1974 los sectores más reaccionarios del peronismo desplazaron al gobernador de la provincia de Buenos Aires, Oscar Bidegain, y en su lugar colocaron a Calabró, el Negro Bujía reunió a los amigos en una confitería de La Plata y pasó la noche descorchando botellas de champán. Todo indicaba que los tiempos de pequeños trabajos sucios habían finalizado; ahora, en el poder, conociendo las apetencias de su jefe, comenzaría la época de los trabajos colosales.

Calabró, en efecto, retribuyó la lealtad de su guardaespaldas designándolo en la secretaría privada. Bujía dejó su casa de Quilmes y se instaló en una de las habitaciones de la residencia del nuevo gobernador. Allí tejió gran amistad con Juan De Stéfano (secretario general de la gobernación que una década más tarde sería presidente de Racing Club); conoció a don Vicente Leonides Saadi, compartió algunos mates con Lorenzo Miguel, gozó los servicios de mucamos y cocineros, y vio, por primera vez en su vida, a Eduardo Duhalde.

Hasta marzo de 1976, el Negro repartió el tiempo entre sus actividades en la secretaría privada y una que otra escaramuza con los militantes del peronismo revolucionario; enfrentamientos, aprietes y emboscadas ordenados por el gobernador, que en más de una ocasión terminaban con algún cuerpo despanzurrado.

Bujía fue detenido pocas semanas después del golpe. Los militares le atribuyeron un par de asesinatos, asaltos diversos y la distribución de drogas en la zona sur del conurbano, responsabilidades que en vano pretendieron obligarle a reconocer a fuerza de torturas.

Sin pruebas reales lo habían detenido y sin razones conocidas lo dejaron en libertad en julio de 1977. Calabró, que había forjado una excelente relación con los militares, se negó a tenderle una mano. Con un bolso y una petaca de ginebra por todo haber, el Negro buscó amparo en el hogar de los Duhalde.

—Yo me hice al lado de gente importante: Vandor, Lorenzo Miguel, Rucci, Calabró. Siempre me enamoré de los jetones. Y ahora estoy enamorado de vos, porque vas a ser un jetón. Así que te voy a acompañar —le dijo Bujía a su nuevo jefe.

Desde aquella noche serían inseparables.

No es fácil establecer con certeza las razones de

32

una fidelidad tan impetuosa como duradera; sobre esa cuestión disienten amigos y testigos. Porque de inmediato Duhalde le ofreció morada, alimento y un empleo en su inmobiliaria; por lo demás, confió en Bujía el manejo de sus relaciones con las decenas de dirigentes peronistas que en aquel entonces andaban a la deriva.

Con el correr de los años, presentándose continuamente como la mano derecha de Duhalde —con quien, además, guardaba cierto parecido físico—, el Negro Bujía logró conquistar la confianza y la simpatía de las poderosas familias peronistas del noroeste del país: los Saadi; los Yoma; los Mera Figueroa; los Romero.

El destino quiso que en 1982 volviera a encontrarse con Arnold Acosta, el hombre que lo había iniciado en el arte de proteger espaldas. Fue en Banfield, en la casa de Imbelloni, quien había resuelto agasajar con un asado a los seguidores de Herminio Iglesias. Enterado de la reunión, Duhalde envió a su hombre para averiguar qué tramaban los opositores. Allí se encontraron Bujía y Acosta. Pero los tiempos habían cambiado. Acosta era matón de Herminio Iglesias, y Bujía, de Duhalde. Esa noche, quizá por despecho, tal vez movido por el recuerdo de alguna cuenta sin saldar, Acosta le auguró a Bujía mil infortunios y juró venganza.

Con todo, los días de Vandor, Rucci y Calabró ya no eran más que un apagado recuerdo. Junto a Duhalde —durante las campañas; en la intendencia de Lomas de Zamora; en la Cámara de Diputados y en la vicepresidencia de la Nación—, los trabajos fueron creciendo en importancia: organizar pegatinas y grupos de choque; desplazarse miles de kilómetros, a la manera de un chasqui alado, para intercambiar con los Saadi y los Romero misteriosos paquetes; de vez en cuando, enviado por Duhalde, hacerse una escapada a Ezeiza para retirar bultos y valijas que, gracias a los buenos oficios de Ibrahim Al Ibrahim, asesor de la Aduana designado precisamente por Duhalde, no eran inspeccionados.

El buen pasar de Alberto Bujía culminó de manera trágica e imprevista en la última semana del verano de 1991. Tenía cincuenta y dos años. En 1989 había sido electo concejal en Lomas de Zamora. Pero jamás asumió; había preferido ocuparse de los asuntos privados de Duhalde en la vicepresidencia.

Los amigos afirman que aquella tarde del 16 de marzo de 1991 el Negro, desbaratado por el alcohol, trepó a una moto y enfiló en contramano, como una saeta, por la calle Manuel Castro, a metros del edificio de la intendencia de Lomas de Zamora. Se llevó por delante una camioneta y murió minutos más tarde. Los testigos del presunto accidente, en cambio, aseveran que la camioneta se precipitó sobre la moto, versión que dio lugar a diversas conjeturas: la anunciada venganza de Arnold Acosta; un ajuste de cuentas maquinado por algún distribuidor de drogas insatisfecho, o, hipótesis más atendida en aquellos días, una secuela del Narcogate. La investigación del juez español Baltasar Garzón acerca del lavado de narcodólares en la Argentina se había tornado pública diez días antes de la extraña muerte del Negro Bujía e involucraba a Ibrahim, a Mario Caserta, director de Agua Potable, y a Amira Yoma, cuñada de Menem y directora de Audiencias de la Presidencia de la Nación. Bujía era el hombre que más información habría podido brindar a la Justicia sobre los periódicos contactos que había habido entre Duhalde e Ibrahim. "Accidente en la vía pública", dictaminó la policía.

Sea como fuere, Acosta corrió mejor suerte. Compró un instituto de enseñanza en la avenida Rivadavia al ocho mil, en Flores, y ahora, debido a su buena relación con Hugo Anzorreguy, secretario de

Inteligencia del Estado, atiende sus asuntos en un despacho de la Secretaría de Población.

De Bujía se puede hablar con cualquier vecino de los suburbios de Lomas de Zamora, en particular con los simpáticos regentes de los centros de distribución de droga que funcionan en la zona; también saben de sus andanzas en sitios más distantes e inimaginables, como en Yacuiba, Bolivia, y en Salvador Mazza, Salta, ciudades en las que se ordena y administra el tráfico de la cocaína boliviana: en esa región, entre 1983 y 1990, solía vérselo en un Chevy rojo transportando extraños cargamentos que, arguía él, eran simples encomiendas de perfumes y cigarrillos importados para el doctor Duhalde y su familia.

Duhalde recuerda continuamente al Negro Bujía con un dejo de tristeza. El 8 de septiembre de 1991, luego de votar en el comicio que había de consagrarlo gobernador de la provincia, se dirigió hacia el cementerio El Campanario, de La Plata, con un enorme ramos de flores a cuestas; allí permaneció más de media hora, moqueando frente a la tumba de su gran amigo.

—*La gente lo quería mucho. Era un tipo muy gaucho, muy campechano, muy bueno. Era mi alter ego.*

La intervención de Bujía en algunos de los hechos que se refieren en la segunda parte de este libro fue elemental.

3
La mujer del Otro

Hilda Beatriz González conoció al gobernador cuando éste no era siquiera concejal y mucho menos intendente; a sus ojos no era más que un hombre bajo y grueso que no dejaba de contemplarla con angurria desde una de las orillas de la pileta de natación.

Su azoramiento fue considerable cuando supo que ese tipo metido en un slip negro era el bañero, es decir, el hombre de cuyo arrojo y fortaleza dependía la suerte de cualquier imprudente. Fingió entonces un soponcio mientras nadaba, y, con disimulo, entre gritios ahogados que parecían un cloqueo, observó atentamente los movimientos del muchacho del slip: el joven Duhalde dio un brinco favorable y a la manera de un delfín se sumergió en la pileta; segundos después la había tomado con el brazo derecho por debajo de las axilas y con sumo esfuerzo la remolcaba hacia fuera.

—Gracias —dijo ella.

—*Eduardo Duhalde. A sus órdenes* —dijo él tendiéndole una mano—. *Pero podés llamarme Negro.*

—Y a mí, Chiche.

Corría el verano de 1970. Gracias a las gestiones

de su cuñado Mario Romano —vendedor de lavandina en los clubes de la zona sur del conurbano—, Eduardo Duhalde se había inventado el oficio de bañero y conseguido un puesto en la pileta del gremio ceramista Los Nogales, en Alejandro Korn. Necesitaba sacar algunos pesos para finalizar la carrera de abogacía.

Chiche era una maestra primaria de San Vicente sin otra pretensión que la de conocer a un hombre sano y decente y formar un hogar y una familia. Había nacido en Avellaneda, en 1945, en un hogar de obstinados militantes sindicales, razón por la cual, cuando el Negro le informó que había resuelto meterse a militar en el sindicato de empleados municipales y en el peronismo de Lomas de Zamora, ella tomó la nueva con serenidad y algo de melancolía: Eduardo comenzaba a semejarse cada vez más a su padre, hecho que no comportaba ningún defecto aunque tampoco una gran ventaja, pues el señor González, más allá de su plausible militancia, se había marchado del hogar cuando Chiche aún era una chica. Figurarse que un buen día Eduardo podía llegar a actuar de la misma manera, la llenaba de angustia.

Una aflicción sin fundamento, porque con el correr de los años Chiche y el Negro habían de formar un matrimonio ejemplar, sin grietas o desdichas conocidas. Se casaron el 28 de julio de 1971 en la parroquia de San Vicente; en 1996 celebrarán sus bodas de plata.

Luego de las elecciones de marzo de 1973 Chiche cayó en la cuenta de que a su lado tenía a un hombre acariciado por la buenaventura; alguien que le iba a brindar no sólo hijos y felicidad, también prestigio, nombradía y un buen pasar. Su vida, comprendió, no guardaría relación alguna con los azares de una sencilla maestra primaria nacida en Avellaneda. Sin rodeos, pues, decidió convertirse en el doméstico sostén de Eduardo.

Así las cosas, mientras Duhalde trepaba peldaño tras peldaño en su carrera política, favorecido por su excesiva buena fortuna, Chiche cocinaba, planchaba camisas, canturreaba las canciones de Roberto Carlos y alumbraba mujeres: primero Juliana, luego llegarían Analía, María Eva, Agustina y, muchos años más tarde, junto con la democracia, por fin, el único varón, Tomás.

Chiche temió perderlo todo cuando un mediodía de marzo de 1976 la radio dijo que la Junta Militar comandada por Videla, Agosti y Massera se había adueñado del poder para librar a la patria de la subversión y el comunismo. Desde luego, Eduardo no era subversivo y tampoco comunista, pero, al menos hasta ese momento, era uno de los tantos funcionarios públicos cuyo buen pasar podía delatar cada uno de los objetos de la casa, y que ahora, de sopetón, unos militares de morondanga pretendían robarles. La señora de Duhalde fue presa de la amargura.

No obstante, los hombres de la dictadura fueron condescendientes con Chiche y su familia. Ella se convirtió en el nervio de las inmobiliarias que Eduardo y el escribano borrachín Hugo David Toledo instalaron en Lomas de Zamora y Llavallol; atendió sin recelo a los contados militantes peronistas que habitualmente se reunían en su casa para rememorar los buenos tiempos, y soportó con buen genio las continuas depresiones del marido.

En diciembre de 1983 celebró largamente el retorno de Eduardo al poder, pero se propuso continuar al margen de la vida política. Decía que lo suyo era la familia, la educación de sus hijos. Chiche es devota de las buenas costumbres y de la moral severa y cristiana (inclinación que muy probablemente excitó a una de sus hijas, Analía, a iniciar el noviciado en la Fundación Apostólica Mariana, de Arrecifes). A Chiche el aborto le suena a crimen alevoso y la infidelidad se le antoja un delito digno de ser penado con suplicios como aquellos que su marido le aplicaría a un narcotraficante. Supo expulsar de su casa a un senador provincial peronista, gran amigo de Eduardo, porque le habían hecho saber que el hombre, casado, se la pasaba farreando por Punta Indio.

Tanta abnegación recibiría luego su recompensa.

Ya gobernador, al cumplir veintiún años de matrimonio, Eduardo le realizó un extraordinario obsequio: el Consejo Provincial de la Mujer, inabarcable organismo que al cabo de un tiempo había de absorber al Ministerio de Acción Social y al Instituto Provincial de la Vivienda. Chiche, de pronto, pasó de administrar la economía hogareña a disponer de ciento cincuenta millones de dólares al año para emplear según su buen criterio.

—No tenía ni idea de lo que era la administración pública. Yo tengo muy en claro que estoy acá no por ser una gran política, sino por ser la esposa del gobernador. Resuelvo un montón de cosas con una simple llamada telefónica. No debería ser así, pero es la realidad del mundo. Las cosas se hacen más fáciles siendo la esposa del gobernador.

En 1992, movida por la curiosidad, resolvió inscribirse en la Escuela Superior de Periodismo de La Plata. Es que el periodismo, advirtió, era uno de los grandes poderes cuyos secretos y artimañas desconocía. En el interior de los periodistas, decía ella, impera una rara pasión, siniestra por momentos, que los lleva a investigar y tornar públicos los actos públicos de los hombres públicos con una atroz ligereza. Era necesario conocer esos mecanismos. El gobernador aceptó a regañadientes la travesura de Chiche, pero le impuso una condición: que no lo hiciera sola. La primera dama provincial, pues, convenció a una de sus hijas, Analía, y juntas partieron hacia la aventura. Se inscribieron en las seis materias del primer año de la carrera: Comunicación I, Filosofía, Historia del siglo XX, Taller de Informática, Taller de Textos y Taller de Gráfica I. Pocos meses después, luego de haber corroborado que la Escuela de Periodismo se parecía poco y nada a una factoría de jóvenes crueles, madre e hija abandonaron la carrera sin decir palabra.

Chiche es menuda aunque de huesos fuertes; el paso de los años se advierte en las manos, ajadas, nudosas; también en los espesos pliegues del cuello y el vientre. Ocurrencias del tiempo que ella intenta ocultar cubriéndose el cuerpo con ropa cara comprada en Europa.

No es infrecuente que sorprenda a su marido con un peinado semejante al de Isabel Perón. De Evita, única mujer argentina que dice admirar, ha pretendido copiar un par de mohínes, visibles, en especial, cuando ocupa un estrado: la barbilla erguida, estudiado símbolo de altivez, y las manos crispadas al viento.

Tres años atrás pocos conocían su cara. Ahora, gracias a la generosa publicidad oficial de la provincia, es posible verla asiduamente en televisión inaugurando obras o arengando a un puñado de mujeres peronistas.

Sin embargo, y a diferencia del gobernador, la participación de Chiche en los hechos que se relatan más adelante no ha sido capital.

4
El Otro

Es retacón y de carnes abultadas. No es que sea obeso, pero sí acusa una distinguida tendencia a la gordura, cuestión que a menudo le quita el sueño y lo mueve a enclaustrarse un par de días en un retiro adventista de la provincia de Entre Ríos con el propósito de despojarse de tres o cuatro kilos.

Mide poco más de un metro sesenta. Es un hombre de cara redonda y blanda, pellejo apergaminado, pelo oscuro, lacio, con blancos pincelazos en las patillas, y pequeños ojos castaños y acuosos que miran oblicuamente cuando la pregunta que se le formula es importuna.

Las transfiguraciones que sufre ese cuerpo corto cada vez que se aventura en barrios habitados por hombres que de buen grado le comerían la mano, son de veras magníficas. Con llamativa agilidad es capaz de trepar a un caballo y recorrer, al trote, con una bandera argentina en la mano, distantes caminos de tierra apisonada que rara vez algún político ha visitado; luego, subir a un camión o a una tarima de tablones y desde allí, con una sonrisa descentrada en la boca, entregarse a besar bebés, apretujar manos,

43

abrazar mujeres y hombres, todos pobres, muy pobres ellos, con una naturalidad que mueve al asombro. Una metamorfosis que en tiempos de campaña electoral se hace más notoria.

Al verlo en acción, se asiste a una abusiva suspensión del tiempo: su prédica y movimientos traen a la memoria los días de los caudillos conservadores populares, como Barceló, como Rosas, como el Menem de 1988.

El gobernador es, quizá, el último de los peronistas andariegos. De los de antaño, incansables mercaderes de milagros y favores.

Cuando se pregunta qué lo llevó a hundirse en las espesuras de la política, y, al cabo de tantos años, haberse convertido en un firme candidato a la presidencia de la Nación, sólo piensa en el favor de la Providencia. El resto es un enjambre de pensamientos que no le interesa ventilar.

—*Yo no tengo una vocación de poder tan grande como la que se necesita, sí o sí, para llegar a determinados cargos. No admiro a los que la tienen, como Alfonsín o Menem, dos casos extraordinarios de vocación de poder. Son tipos que están permanentemente pensando en el poder. Yo no. He ido llegando a los cargos porque está escrito en el destino. Siempre ha sido así. Más que capacidad, la característica más destacada en mí es la buena suerte, la buena estrella. Yo me siento apoyado en esa buena suerte. Cuando empiezo a tener problemas, siento que Dios me largó en banda. Es tanta mi buena suerte que hay un cura, no me acuerdo su nombre, que me manda gente diciéndole que si me tocan o hablan conmigo les va a ir bien.*

A su juicio, una mano divina se ha encargado de colocarlo allí, en un despacho espacioso, rodeado de serviles secretarios y ministros que prestamente acuden a su lado al oír el pitido de un timbre que él hace sonar con alegría y a menudo con el único propósito de confirmar su buena fortuna.

Las indagaciones acerca de la esencia, propiedades, origen y consecuencias de las cosas lo hunden en un aburrimiento abismal; le causan un intenso dolor de cabeza que sólo logra aplacar con un día de pesca, quizá un interminable partido de mus, o, cosa habitual, una escapada al Club Mediterranée, en la isla Itaparica, Brasil, donde se deja caer entre arenas y cangrejos del color del cobre más puro.

Dice que los hombres están condenados a padecer o gozar un destino contra el cual es inútil rebelarse, de modo que a ese impredecible encadenamiento de los sucesos Eduardo Duhalde se somete sin oponer resistencia. En la vida, piensa, mandan los hechos; las cosas ocurren y uno reacciona según eso que a uno le ocurre. ¿Para qué perder el tiempo haciéndose preguntas que no tienen respuesta, o, si la tienen, algún atorrante ya se las llevó a la tumba? Duhalde tan sólo se ajusta a las circunstancias, y lo hace con gran ingenio.

De algo tiene certeza: gobernar se le antoja asunto de locos, tal vez de políticos desabridos; una actividad esotérica cuya mayor cualidad es la de recubrir de fama y honorabilidad al que se atreva a ejercerla. Lo suyo es hacer, obsequiar obras y palabras teñidas de aliento. En Buenos Aires, provincia inabarcable, repleta de hombres y mujeres sin empleo y vivienda que de la vida sólo aguardan una quimera providencial, la política de Duhalde actúa como un poderoso y pasajero bálsamo.

Desde su asunción como intendente de Lomas de Zamora en el año 1974, el vecindario comenzó a tratarlo con una obsequiosidad no prevista. A su paso, los muchachos del sindicato de empleados municipales formaban sonrientes corros y murmuraban halagos; las solteronas le echaban efusivas miradas; y los amigos, con quienes solía reunirse periódicamente en la confitería Gallardón, escuchaban sus anécdotas con un respeto y una atención desusados. En más de una oportunidad, en especial cuando la ginebra empezaba a aguijonearles las lenguas, le largaban un "señor intendente" no desprovisto de ironía y algo de celo.

Sin embargo, el gobernador se refiere modestamente a sí mismo como a un militante peronista. Esa palabra le parece mágica; suele repetírsela para sus adentros y al hacerlo experimenta una ligera conmoción.

Una expresión que en su casa materna estaba prohibida. La madre, María Esther Maldonado Aguirre, era —y aún es— una testaruda militante radical que pasaba el tiempo rememorando los años dichosos del Peludo Yrigoyen; en el hogar de los Maldonado, en el paraje El Quebracho, en plena serranía cordobesa, había funcionado a lo largo de años el comité de la Unión Cívica Radical de la zona. Tomás Duhalde, un empleado menor del Banco de la Provincia de Buenos Aires, era en cambio un simpatizante socialista que gastaba las horas recitando en voz alta los más rimbombantes discursos de Alfredo Palacios; de pronto se ponía a referir hechos inauditos, hablaba de revoluciones, maldecía a políticos y militares, y, finalmente, obligaba a Eduardo a prometerle que nunca jamás había de enredarse con peronistas de ninguna naturaleza.

—Mi padre no sabía que las cosas iban a cambiar con el tiempo. Porque hoy el peronismo vive un proceso muy parecido al que atravesó el socialismo español, que se ha actualizado. Un proceso en el cual seguimos luchando por conservar esencias sin las cuales dejaría de ser peronismo.

María Esther Maldonado y Tomás Duhalde se casaron en El Quebracho, en 1940, y de inmediato, seducidos por las promesas de bienestar de familiares y amigos, buscaron mejor fortuna en Lomas de Zamora, donde un año más tarde —el 5 de octubre de 1941, en el hospital Colonial de Lanús— nació su hijo Eduardo Alberto. Era un bebé rechoncho y mirada opaca. A los cinco años les anunció a los padres que su destino era la medicina, inclinación que comenzó a corroborar a los doce, cuando inició sus largos encierros en el baño para satisfacer las ocasionales urgencias de adolescente y, de paso, entregarse a la detallada lectura de prospectos médicos.

Entretanto, mientras estudiaba en la Escuela Municipal Nº 8 y aguardaba con ansia el momento de colgarse un estetoscopio al cuello, Eduardo comía caramelos de orozús, cazaba ranas en el arroyo El Rey y fatigaba los campitos de fútbol de los clubes Olimpia, Almafuerte, Ateneo. En El Indio, equipo de barrio donde también jugaba el actual director técnico Pedro Marchetta, Eduardo suplía su natural torpeza y ausencia de atributos futboleros con gran atrevimiento.

En los salones del Club Cultural, aledaño a su casa, conoció los primeros secretos del ajedrez, una actividad que había de despertar en él una impensada pasión.

—*Si tomamos a la política como un gran tablero de ajedrez, allí soy la Dama. Es la pieza que ordena y conduce.*

Su adolescencia transcurrió entre partidos de fútbol, bailes domingueros y chapuzones en las piletas de los clubes del barrio. Cada viernes, con el crepúsculo, Eduardo y sus amigos se reunían en la confitería Gallardón; hablaban de Banfield y Los Andes, se entreveraban en partidos de truco y planeaban las actividades del fin de semana, que invariablemente tenían como gloriosa culminación el baile de domingo, a las cinco y media de la tarde, en el Moulin Rouge, un bolichón de moda situado en los altos del Teatro Coliseo, en la calle España.

En el verano de 1959, luego de treinta años de trabajo, Tomás Duhalde decidió que había llegado el momento de jubilarse, y, como era habitual en aquellos tiempos entre los empleados bancarios de carrera, le cedió su vacante a Eduardo. En el Banco de la Provincia de Buenos Aires le tocó en suerte el cargo de cajero; primero en la casa central, luego en Lomas de Zamora y posteriormente en Remedios de Escalada. Debido a la escasez de tiempo y dinero, al anhelo de ser médico le sucedió el afán de convertirse en escribano y abogado, estudios que comenzó en 1960 en la Universidad de Buenos Aires.

Sus días como cajero terminaron al cabo de unos pocos años. La buena fortuna lo libró de un empleo que se le antojaba poco llevadero: en el otoño de 1963 uno de los hermanos de su padre apareció de improviso en la sucursal de Remedios de Escalada, se aproximó a la caja que atendía Eduardo, y sin decir palabra dejó caer en el mostrador un entero de la lotería nacional.

—Eduardito —dijo sin ocultar la alegría—, me gané la grande. Así que agarrá tus cosas, despedíte del gerente y veníte conmigo. Quiero que me administres la plata, pibe.

La perspectiva de aceptar un trabajo sin horarios rigurosos, ocupación que, por lo demás, le posibilitaría continuar con los estudios, lo sedujo de inmediato. De modo que el mayor de los Duhalde se marchó del banco y se dedicó a manejar dinero ajeno.

Tiempo más tarde, en 1971, el oleaje de la vida lo arrojó al lóbrego despacho de Asuntos Legales de la Municipalidad de Lomas de Zamora. Ya se había casado y recibido de escribano; le restaba un puñado de materias para finalizar abogacía. El nuevo empleo fue fruto de las diligencias llevadas a cabo por su tío político, Julio Grigera —descendiente de una de las familias fundadoras de Lomas de Zamora—, ante el interventor militar que entonces administraba el municipio.

El teniente general Alejandro Agustín Lanusse era el dictador de turno; Juan Domingo Perón se encontraba cada día más cerca del país y en las calles ya era posible absorber la proximidad de las elecciones. Eduardo Duhalde tenía veintinueve años y nada hacía suponer que en esa oficina había de iniciar una acelerada carrera sindical y política.

Acaso incitado por el clima de efervescencia política que lo rodeaba, y por la cercanía de un mito cuyo nombre le había sido prohibido pronunciar a lo largo de años, Duhalde adopta dos resoluciones que provocarían un vuelco de magnitud en su vida: empieza a militar en el sindicato de empleados municipales y meses más tarde, en enero de 1973, se afilia al Partido Justicialista de Lomas de Zamora.

En cuestión de meses consigue granjearse la confianza de los principales dirigentes de las poderosas 62 Organizaciones, a punto tal que, a partir de las elecciones de marzo de 1973, de su destartalado escritorio en el departamento de Asuntos Legales saltará a ocupar una concejalía, luego la presidencia del Concejo Deliberante y por fin, muy a su pesar y merced a una sucesión de hechos singulares que merecen ser relatados más adelante, a hacerse cargo de la intendencia.

—*No me acuerdo, juro que me esfuerzo y no puedo recordar nada. Por ahí me acuerdo de algún festejo, cosas muy generales. Pero insisto: se me ocurre que todo eso que pasó, y lo que me pasa, le pasó a otro.*

Desde la intendencia, apoyado en su férrea amistad con el gobernador de Buenos Aires, Victorio Cala-

49

bró, y con los sectores más reaccionarios de la Iglesia y del sindicalismo, logró otorgarle peso y tamaño a un estilo fundado en el más puro de los pragmatismos.

El golpe de marzo de 1976 lo sorprendió en su casa. Jugaba al ajedrez con su secretario, Carlos Labolita. No había razones valederas para inquietarse o buscar refugio en otra parte. Durante su mandato había obtenido el afecto de un par de generales gracias a un buen servicio prestado. En tanto sus viejos compañeros desaparecían o eran encarcelados, él pasaba las horas con los amigos de siempre en un café de Balcarce al 100, frente al hospital Gandulfo, sumido en interminables partidas de ajedrez.

La dictadura, sin embargo, lo había dejado sin empleo, razón por la cual debió recurrir a los favores de un prestamista amigo, escribano también, para salir del paso.

—*Se nos ocurrió poner una inmobiliaria. No sé muy bien por qué. Pero la pegamos. Nos fue bárbaro.*

Hasta 1982 dividió su tiempo entre la imprevista actividad de martillero, el ajedrez y una efímera incursión en la docencia. Es el autor de un libro que tiene a la drogadicción como el peor de nuestros males, y de otro, a dos plumas, junto con Carlos Menem, donde dio rienda suelta a sus anhelos de revolución productiva, reactivación industrial y cuestiones por el estilo. Jura haber leído la obra completa de Ernesto Sábato y escuchado todas las canciones de Roberto Carlos.

Como si fuera un experto barman, el secreto del gobernador reside en las proporciones. Sabe dosificar el mensaje. Un bocado de Perón aquí, uno de Menem acá, dos promesas más allá; todo matizado con oportunos giros que, a pesar de haber sido largamente ensayados, salen de su boca como arrebatos espontáneos destinados a enardecer y arrancar aplausos.

El gobernador es un verdadero adicto. Al juego, al mate, a Banfield, al dinero —motor de su política—, y, por sobre todas las cosas, a las encuestas:

—*La manía empezó cuando Menem me ofreció la candidatura a la vicepresidencia. Todos los dirigentes, todos, me decían que era una locura acompañarlo. Yo también. Decían que eran tiempos de Cafiero. Ahí empecé con las encuestas. Comprobé que Menem tenía mucho más apoyo entre la gente del que se pensaba. Y acepté. En la dirigencia estaba 9 a 1 a favor de Cafiero, y en la población estaba 8 a 2 a favor de Menem. Desde ese día, nunca más largué las encuestas. Son el pulso de la realidad.*

A pesar de su aspecto impasible y confiado, es víctima de diversos y a menudo insondables temores. Le teme al fracaso, aprensión que logra mitigar a fuerza de encuestas; le teme a la gordura; le teme a los hombres que, como él, se muestran como hacedores y protagonistas. Y, en particular, teme perder de un plumazo, quizá por un capricho del destino, todo lo que ha conseguido a lo largo de sus cincuenta y cuatro años: fama, veneración, poder; el dinero acumulado en los bancos, el que ha invertido en departamentos, terrenos y un par de campos, y un emplco de veras magnífico.

—*Mi salario es poco, pero es un engañapichanga. Yo gasto todo lo que necesito para vivir. Tengo 700 mil pesos anuales de gastos reservados. Pero rico y famoso no soy. Rico y famoso* —deja escapar una sonrisa y lanza un guiño— *es el otro, el que va a ser Presidente.*

51

Segunda parte
LOS HECHOS

1
Unos pesos bien guardados

—*Tengo la quinta de San Vicente, el departamento y todo lo que heredé de papá: la esquina de Piaggio y Colombres y dos terrenos más que están en la cuadra del departamento. Claro, tengo coche y unos pesos bien guardados.*

¿Nada más? Se sonroja ligeramente. No logra sostener la mirada; los ojos se le van a la deriva, recorren sus manos, se desvían hasta el ombligo. Al gobernador le causa un gran malestar hablar sobre su formidable hacienda. Esgrime excusas tales como que lo preponderante es su vida política y el resto no es más que vano palabrerío, chisme que sólo sirve para avivar habladurías y sembrar cizaña.

Cuando era un chico que tenía como vivo pasatiempo la caza de ranas en el arroyo El Rey, cerraba los ojos y se figuraba pescando peces imposibles, trepando luego a un caballo garboso, y, finalmente, posando para el álbum de familia en alguna de las buenas capitales de Europa. Y la suerte se ha mostrado risueña con él. Ahora cabalga en caballos de su propiedad, pesca en lagos propios, dentro de sus dominios, y viaja por el mundo cuando más le place.

55

Su afición por el turismo, que Chiche comparte y alienta, se hizo más notoria a partir de julio de 1989, cuando asumió la vicepresidencia de la Nación. Tan sólo entre agosto de ese año y marzo de 1990, realizó dieciocho viajes. Sus ocupaciones lo sumen en graves estados de fatiga que solamente logra aliviar desplazándose por el país o por el extranjero. El poder le ha facilitado la obtención de esa medicina tan costosa.

El matrimonio Duhalde ha adquirido el hábito de ausentarse temporariamente de sus obligaciones siete u ocho veces por año: Aruba y el club Mediterranée, en el Brasil; Las Leñas, en Mendoza; el Centro Vida Sana, de la Iglesia Adventista del Plata, en Entre Ríos; las playas de Pinamar y las ruinas romanas son sus sitios preferidos. En especial Italia, donde compran objetos y adornos de toda naturaleza para decorar el departamento de doscientos metros cuadrados que tienen en la calle Colombres, de Lomas de Zamora: muebles laqueados, jarrones de *vetro di scavo,* paredes de mármol, alfombras. Predominan los tonos pasteles; a Chiche le gustan.

En momento alguno Duhalde abandonó los negocios inmobiliarios. Ahora, por una cuestión de pudor, los dejó en manos de su amiga Amalia Biafore, socia de María Elena Torresi, esposa del presidente de la Cámara de Diputados de la provincia, Osvaldo Mércuri. A través de la inmobiliaria que éste tiene en la calle Loria al 400, en Lomas, Biafore se ocupa de las transacciones que el gobernador dejó pendientes cuando en 1983 retomó la función pública. Por lo demás, merced a los gastos reservados que decidió asignarse como gobernador —libres de cualquier rendición contable—, cuenta con 58 mil pesos mensuales, a los que se deben añadir los 5.101,59 pesos que recibe como sueldo. (Los gastos reservados de su antecesor en la gobernación, Antonio Cafiero, eran poco más de sesenta mil pesos al año).

Con todo, cabe suponer que los ingresos que Duhalde obtiene mediante las operaciones inmobiliarias y como gobernador —éstos, más recientes—, no bastan para efectuar las grandes inversiones que, al parecer, ha realizado a partir de 1984. En ese año compró la quinta Don Tomás, valuada hoy en 500 mil dólares; también en esa época, en sociedad con el Ronco Lence, adquirió buena parte del Hotel-Casino Sasso, en Mar del Plata. El apego a la vida campestre lo llevó a comprar la estancia La Limpia, en Labardén, partido de Ayacucho, que pertenecía a la familia Herrera Vegas. Cinco mil hectáreas. La operación de compraventa se hizo a través de la casa Sáenz Valiente, Bullrich y Cía., firma que juzga de muy mal gusto revelar el monto de la operación.

Sin embargo, la inversión mayor sería la que habría realizado en Tandil: una fracción de la histórica estancia "Acelain". Allí, el gobernador y el presidente Carlos Menem, éste seguido por su séquito de adulones —Armando Gostanián, Gerardo Sofovich, Alberto Kohan y Mario Falak, entre otros—, acostumbran recluirse para pescar, cabalgar y tramar los futuros movimientos políticos.

"Acelain", nombre de una pequeña aldea situada en Guipúzcoa, País Vasco, significa "tierra quebrada", y de allí procedían los antepasados del escritor Enrique Rodríguez Larreta, hacedor de la estancia. Larreta logró otorgarle a la geografía un gran parecido con la aldea vasca. El campo, de doce mil hectáreas, tiene su propio lago y una imponente cabaña de cría de ganado. La mansión, que cumple funciones de casco de estancia, recrea el estilo arquitectónico del renacimiento español; una magnífica fusión de rasgos árabes y cristianos que conforman un estilo combinado que se conoce como mudéjar. La residencia fue inaugurada en 1924. "Acelain" es, quizá, una de las estancias más notables del país.

En los primeros meses de 1994 el extenso campo fue parcelado en tres fracciones: una quedó en manos de la empresa Zogoibi; otra fue adquirida por Cacique Negro, y la restante por Cerro del Aguila (las tres sociedades anónimas). En enero de 1995, gracias a los buenos oficios de su amigo Juan Mario Pedersoli, actual vicepresidente de la Empresa Social de la Energía de Buenos Aires (ESEBA) y ex diputado provincial, Duhalde habría comprado una fracción de cuatro mil hectáreas. Los testaferros, al decir de Carlos Alberto Puchuri, administrador de Acelain, fueron Josefina Zuberbühler y Daniel Llambí, conocidos del gobernador. Los tandilenses hablan de una inversión cercana a los tres millones de dólares.

El gobernador da la impresión de tener una intrínseca habilidad para la compraventa de propiedades. No satisfecho con las inversiones mencionadas, todo indica que ahora, en sociedad con el Gordo Arcuri y el ex intendente de San Vicente, Oscar Rodríguez, se ha aventurado en la construcción de un espacioso hotel alojamiento en la ruta 210, entre Guernica y Alejandro Korn.

En 1989, vicepresidente ya, y en una de las tantas ocasiones en las que le tocó en suerte hacerse cargo del Poder Ejecutivo debido a las misiones presidenciales en el exterior de Carlos Menem, telefoneó a su viejo amigo Daniel Castruccio, con el que había compartido, allá por 1969, uno de los destartalados escritorios del departamento de Asuntos Legales de la municipalidad de Lomas de Zamora, y lo invitó a almorzar en la Casa Rosada.

Duhalde, no sin engreimiento, paseó a su amigo por cada uno de los suntuosos salones y patios del viejo edificio. Luego comieron y bebieron, rodeados de mozos diligentes y abrumados por las fulguraciones de la platería y los cristales.

—¿Te acordás cuando hace veintipico de años la-

burábamos en la misma mesa? —le dijo Duhalde a su amigo mientras almorzaban—. *Éramos dos pinches. Mirános ahora, che. Parecemos dos bacanes, ¿no?*

En efecto, en 1970 eran dos empleados comunes y ordinarios, tan mortales y apocados como el resto de los empleados que los rodeaban. Nada hacía presagiar que, con el correr de los años, ese joven estudiante de abogacía había de edificar un imperio político y económico de tal magnitud.

Como sucede con muchos funcionarios de la era menemista, el origen de la fortuna del gobernador conlleva un misterio que no es sencillo dilucidar. No ocurre así, en cambio, con su prodigiosa travesía política, por momentos pública, en ocasiones recóndita, cuyo punto de partida sí es posible señalar.

2
Los primeros pasos

A partir de 1971 se ha abierto decididamente el proceso político previo a las elecciones generales, anunciadas para marzo de 1973. Naturalmente no es un proceso fácil: ni las poco estimulantes condiciones económico-sociales del país, ni las magras expectativas que suscitan los partidos políticos, ni el elemento perturbador significado por los grupos subversivos contribuyen a definir una salida electoral normal. Pero, dejando de lado los sectores que cuestionan todo "el sistema" y claman por una revolución que prescindiría del burgués trámite electoral, hay que reconocer que, si existe una coincidencia mayoritaria en la Argentina en torno a un tema, es sobre la necesidad de clausurar definitivamente la etapa abierta en 1966 mediante la instauración de un gobierno elegido por el pueblo, en comicios limpios de trampas o proscripciones.

Los pasos que se han dado en este sentido son concretos. En julio de 1971 se levantaron las prohibiciones que pesaban sobre los partidos políticos, que desde entonces vienen realizando una activa labor de organización y proselitismo. El segundo hecho nuevo es la revitalizada importancia de Perón (...) Pero la nueva vigencia de Perón no se da solamente en el terreno electoral. Florece también en sectores estudiantiles o intelectuales donde Perón se ha convertido, por obra de un proceso asombroso, en símbolo de liberación nacional, de revolución y cambio (...) Después de su derrocamiento, Perón radicalizó su lenguaje y dio un tácito apoyo a los sectores extremos del justicialismo, aunque procurando que no incurrieran en un desfasaje ideológico que los sacara de su control: de aquí, probablemente, su pertinaz negativa a condenar expresamente algunos de los actos más condenables de los guerrilleros, como el inútil asesinato del empresario italiano Oberdán Sallustro en marzo de 1972. Pero estos silencios y aquel lenguaje parecen insuficientes para conferir a este antiguo militar de 77 años de edad la significación de un Mao o un Guevara que pretenden darle los sectores juveniles —generalmente de clase media— que forman las alas más bulliciosas del justicialismo; o los núcleos estudiantiles o intelectuales que, sin ser peronistas, afirman que no hay solución popular fuera del peronismo.

Sea por lo que sea, el fenómeno existe y Perón es, en este momento, un elemento activante del proceso de cambio que algunos quieren promover a través de la violencia, otros por medio de la concientización de las masas y la mayoría del pueblo argentino desea se realice pacíficamente.

FELIX LUNA, *Argentina, de Perón a Lanusse*

Risueño, atildado, el cuerpo macizo metido en un traje de franela gris, el abogado y notario Eduardo Duhalde salió de su despacho ensayando un paso de tango. En la entrada del edificio de la municipalidad se detuvo, volvió a palpar la billetera que llevaba en el interior del saco y con placer, dirigiendo la mirada hacia un cielo tempranamente oscuro, absorbió el viento que le tocaba la cara.

El oficio de bañero ya había quedado en el pasado. Pero había rendido sus buenos frutos. Entre displicentes brazadas había conocido a Chiche y a un tal Carlos Labolita, empleado ferroviario, con el que supo participar en intensos partidos de waterpolo. También, en esos veranos desprovistos de tribulaciones, había pulido su amistad con el Rata Trezza, mensajero en la estación Lomas de Zamora del ferrocarril y compinche de Labolita.

Ahora pasaba las horas sentado en una silla de madera rubia, de cara a una pesada mesa repleta de escritos oficiales que debía examinar. Era un abogado novato y de pocas luces, de modo que su misión no era otra que la de analizar los papeles y formular consejos y apreciaciones pertinentes al encargado del área de Asuntos Legales de la municipalidad de Lomas de Zamora. Sin embargo, se sentía importante. Por sus manos pasaban expedientes de toda naturaleza: acciones contra la comuna, reclamos, solicitudes de embargos; por primera vez en su vida, la suerte de gente que no conocía y apenas intuía a través de palabras y números —como había de ocurrirle con cientos de miles de personas tiempo después—, dependía en gran parte de su juicio. Por lo demás, meses antes había sido nombrado secretario de Organización del Sindicato de Empleados Municipales de Lomas, y, debido a su porfiada militancia en el Centro de Abogados Peronistas, había cultivado cierto prestigio entre los vecinos más ilustres.

En la pizzería Las Tres Carabelas, de la calle Laprida, se encontró con Trezza, Labolita, Carlitos Tempone y Abelito Morán —éstos, amigos de la infancia y vecinos— y con dos de sus compañeros de trabajo, el Negro Toledo y Dany Castruccio. Peronistas todos, solían reunirse allí o en el café París, en la esquina de Gorriti y España, para entregarse a discusiones políticas. Al fin de cuentas no hacían otra cosa que conversar y debatir acerca de lo que en aquel tiempo, mediados de 1972, la mayor parte de los militantes de su edad conversaban y debatían: el fin de la dictadura, el regreso de Perón y las elecciones prometidas; las continuas operaciones del ERP contra empresarios de industrias multinacionales; el notorio crecimiento de la Juventud Peronista y su desembozado apoyo a las acciones de los grupos guerrilleros FAP, FAR y Montoneros.

Los jóvenes peronistas de Lomas, más afectos a la ortodoxia que a la denominada tendencia revolucionaria, se habían propuesto disputarle al caudillo de la zona, Manuel Torres, un lugar en la lista del justicialismo para las elecciones de marzo de 1973.

El Negro Toledo, escribano y prestamista de la zona, había creado el Centro Doctrinario Justicialista, una agrupación de cuño ortodoxo en la que militaban Duhalde, Trezza, Labolita, Graciela Giannettasio, Enrique Pedro Gutiérrez, Raúl Alvarez Echagüe y Rubén Miguel Citara, cuñado de Duhalde. Tempone, a quien Duhalde llamaba "hermano" —anhelo comprensible, pues el Negro, sumando madre, hermanas y esposa, vivía en un universo casi exclusivamente femenino—, escuchaba con recelo y algo de sorna las encendidas reflexiones de sus amigos; la política no le simpatizaba mucho; decía él que iba a ser empresario o cosa que se le pareciera. A Morán tampoco lo seducía la políti-

64

ca, aunque sabía disimilarlo haciendo una que otra acotación forzada y sin mucho sentido.

De tanto en tanto se incorporaban a las reuniones dos miembros de la agrupación Patria y Lealtad: Osvaldo Mércuri y el Tano Tavano, que militaba con los gráficos de Raimundo Ongaro.

Luego de un sinfín de negociaciones, Duhalde y sus camaradas lograron conformar una lista que bien puede tenerse como un pequeño espejo que despedía las imágenes de lo que entonces sucedía en el interior de cada uno de los conventículos peronistas del país: Roberto Ortiz (abogado de la Curia y vinculado a los sectores más reaccionarios del peronismo) fue designado candidato a intendente; Pablo Turner (un dirigente de Ingeniero Budge de buenas relaciones con el peronismo revolucionario) ocupó el primer lugar en la lista de candidatos a concejales. A Duhalde, hábil equilibrista, tan distante y tan cercano de una tendencia como de la otra según el provecho que pudiera obtener, le correspondió finalmente el segundo lugar de la lista como representante de las históricas 62 Organizaciones.

Aunque ya no lo recuerde, Duhalde le debe mucho a Rodolfo Illescas —secretario general de la filial Lomas de las 62 Organizaciones—, quien no sólo gestionó su postulación como concejal ante los poderosos hombres de las 62, también favoreció, sin proponérselo, como se verá más adelante, el buen pasar de Duhalde durante la dictadura.

En las elecciones del 11 de marzo el peronismo de Lomas de Zamora venció de manera irreprochable. Ortiz, un hombre pusilánime y de pocas palabras, asumió la intendencia y nombró al Rata Trezza como secretario privado; Turner ocupó la presidencia del Concejo Deliberante. Duhalde, antes de sentarse en su banca de concejal, se compró otro traje para estrenar en sus nuevas funciones.

La dicha de Ortiz, no obstante, se deshizo en poco más de noventa días: en la última semana de agosto de 1973, el Concejo Deliberante, azuzado especialmente por Duhalde, resolvió iniciarle juicio político, y posteriormente destituirlo, al descubrir que Ortiz había comprado, ilegalmente, un puñado de armas para una suerte de grupo de vigilantes municipales que pretendía crear. La sucesión le correspondió a Turner, y Duhalde, por tanto, se transformó en presidente del Concejo Deliberante. La buena estrella comenzaba a brillar, aunque no con la intensidad que alcanzaría un año más tarde.

A Turner, cuentan, le jugaron una mala pasada. Cierto es que todos lo estimaban; era educado, inteligente y activo. Pero muchos, sobre todo los muchachos del Centro Doctrinario, no le perdonaban su ecuanimidad cada vez que se refería a los nobles objetivos de los miembros de la Juventud Peronista, que obedecían a los Montoneros. Lo echaron en el invierno de 1974. Pero de modo más aparatoso que a Ortiz, y acaso más premeditado. Ni los diarios de la época coinciden en los motivos. Al parecer, uno de los amigos de Duhalde le hizo comprar una partida de ladrillos para la municipalidad por un precio mucho más alto del que ofrecía el mercado. La trampa, en fin, había funcionado. Y ahora, según la ley orgánica del municipio, el poder le pertenecía a Duhalde.

A esa altura, el sillón de la intendencia de Lomas parecía embrujado, razón por la cual el Negro lloró de nervios cuando los muchachos del Centro Doctrinario se aparecieron en su casa para celebrarlo. A punto estuvo de argüir una dolencia cualquiera y cederle el paso al concejal que le seguía. Pero asumió, muy a su pesar —persuadido de que el destino así lo quería—, el 8 de agosto de 1974, pocas semanas después de la muerte de Juan Perón. Con sus treinta y

66

dos años, se convirtió en el intendente más joven de la provincia.

De la aprensión saltó al entusiasmo en cuestión de días. A Mércuri le entregó la secretaría de Salud y Acción Social; a Gutiérrez, la secretaría general de la intendencia; Labolita, el del waterpolo, se convirtió en su secretario privado.

En realidad, Duhalde no sabía muy bien qué hacer en ese despacho poco acogedor; caía en hondas depresiones; firmaba papeles, pedía mate cada media hora, atendía a la prensa, y, con astucia, haciendo malabarismos de ubicuidad y diplomacia, dejaba entrever que no estaba con Isabel y menos aún con los Montoneros. *"Lo mío —decía— es el finado Perón"*. Punto aparte.

Mércuri, que solía leer los diarios y archivar algunas noticias, le sacudió la modorra. Un buen día se apareció en el despacho de su jefe con un recorte de comienzos de 1973, en el que se referían algunos de los programas sociales que había puesto en marcha el ex presidente socialista de Chile, Salvador Allende, derrocado por el dictador Augusto Pinochet.

Entre las ideas de Allende, Duhalde halló una que lo atrajo sobremanera: el Plan Huevo y Leche. Allende se había propuesto aplacar las severas necesidades que padecía el pueblo chileno distribuyendo esos alimentos. Era imprescindible hacerlo cuanto antes, simplemente porque la desnutrición en las regiones más desoladas de Chile era abismal. Duhalde festejó el acierto de Mércuri y le encomendó redactar el proyecto. Lo tituló "Huevo y Leche". Estribaba en el reparto diario de veinte litros de leche y diez docenas de huevos en cada uno de los barrios de mayor valía electoral.

El intendente empezaba a manejarse en el intrincado y entonces violento mundo de la política como un asistente social. Joven, todavía inexperto, carecía de grandes ideas y suponía, por tanto, que lo más sensato era imponer una política fundada en la continua distribución de favores. La providencial aparición de un hombre de voz ahogada por el tabaco y aspecto ceboso alentó aún más esa particular noción que tenía sobre la política.

Una tarde de octubre de 1974 llegó al despacho de Duhalde un tal Héctor Lence, hábil empresario del transporte y agente turístico que prestaba servicios en la secretaría de Deportes de la Nación. A la manera de un vendedor a domicilio, Lence recorría los municipios de la provincia de Buenos Aires con un ingenioso plan destinado a rescatar de la desidia, al menos por una semana, a los chicos más desvalidos. La proposición era sencilla: tres o cuatro veces al año, fuera de la temporada turística, reunir grupos de chicos y trasladarlos a Necochea, Miramar o Mar del Plata. Después, regresarlos a sus villas. Lence ofrecía el transporte y la hotelería; y Duhalde, claro está, ignorando los mecanismos de licitación, le pagaba el dinero convenido.

Exhibiendo como todo currículum político una efímera militancia en la Unión de Estudiantes Secundarios a lo largo de algunos meses de 1950, Lence no necesitó sortear demasiados escollos para venderle a Duhalde la idea. La relación comercial entre ambos se tornó tan firme que perdura hasta nuestros días.

El intendente estaba satisfecho; huevos y leche por aquí, mar y arena por allá; una pizca de alimento, una pizca de diversión. Más que suficiente, pensaba, para atraer la simpatía de los electores más necesitados.

Con los dos planes bajo el brazo se presentó en el despacho del gobernador de la provincia, Victorio Calabró. En la antesala lo recibió un empleado morrudo y picarón que de inmediato lo fascinó: el Negro Alberto Bujía, que, como ya se ha dicho, cumpliría un papel de capital importancia en la vida política de Duhalde. Calabró recibió de buen grado las propuestas de Duhalde y prometió toda su colaboración.

A partir de entonces, el intendente, el gobernador y Bujía formarían un trío inseparable. Pero entre Duhalde y Calabró había algo más que afinidad política y un común apasionamiento por el poder.

A mediados de noviembre de 1975, mientras el gobierno de Isabel Perón trastabillaba y los militares andaban al acecho, ocurrió un episodio que había de cobrar valor en la vida de Duhalde con posterioridad al golpe de marzo de 1976.

Una noche, presa de los nervios, el gremialista Illescas irrumpió en la casa del intendente y le refirió que un conocido suyo, Jesús Ramés Ranier, apodado El Oso, le había hecho saber que el ERP se encontraba a poco de realizar una colosal operación contra un objetivo militar situado en la zona sur del conurbano. Ranier, un metalúrgico sin empleo, había ingresado a la organización guerrillera un año atrás, pero con el correr del tiempo se había convertido en un simpático soplón.

Duhalde demoró largos minutos en comprender la trascendencia de lo que había oído; andaba apesadumbrado; su cabeza estaba en otra parte: semanas antes, su principal adversario político en Lomas, Manolo Torres, había sido designado secretario nacional del Partido Justicialista, y, por una obvia razón de urbanismo, Duhalde se había visto obligado a aplaudirlo y abrazarlo durante el homenaje que le habían hecho en su propio territorio, en el local de la calle Italia al seiscientos, en Lomas.

A la mañana siguiente de la charla con Illescas, no obstante, Duhalde se presentó en el despacho de Calabró y, atribuyéndose por completo el mérito de la información, le narró la nueva. Los ojos del gobernador se pusieron a centellear del contento. Nadie ignoraba que el golpe militar era una cuestión de tiempo. Tal vez enero, quizá febrero. Un desenlace inexorable que para Calabró no era más que una contingencia, pues ya se había habituado a gozar el poder y tenía previsto continuar en la gobernación como delegado del futuro gobierno de facto. La posibilidad de ofrecer una información de esa magnitud al Ejército, por tanto, lo llenó de satisfacción.

Duhalde no era ingenuo. También sabía que se avecinaban tiempos difíciles. Por eso, antes de marcharse, le exigió al gobernador que, al transmitir la información a los hombres de la Jefatura II de Inteligencia, no olvidara mencionar su nombre. Calabró así lo hizo.

El asalto al Batallón de Arsenales 601 "Domingo Viejo Bueno", en Monte Chingolo, en el mediodía del 23 de diciembre de 1975, condujo al ERP hacia el abismo. "Será la acción revolucionaria más grande de la historia de Latinoamérica", había dicho Roberto Mario Santucho. El Ejército les tendió una ratonera perfecta. La represión fue feroz y desmesurada: entre miembros del ERP y habitantes de las villas aledañas al cuartel (que ninguna relación habían tenido con el frustrado copamiento) los militares mataron a cientos de personas. En realidad, nunca pudo saberse con precisión cuántos fueron asesinados, porque la mayor parte de los cuerpos fue a parar a fosas comunes.

El oportuno gesto le valió a Duhalde el tácito reconocimiento de los militares, en particular el del futuro cabecilla del golpe, general Jorge Rafael Videla.

3
La dictadura

Victorio Calabró fue, muy probablemente, el dirigente peronista que mejor supo defender su pellejo de la barbarie militar. Cierto es que la conducta seguida para lograrlo lo llevó a ser expulsado del partido y de las 62 Organizaciones; una deshonra que, observada desde la perspectiva de un hombre que en su interior abrigaba el único y excluyente propósito de salvarse y permanecer en el poder, aún a costa de vidas que conocía, parece nadería, bochorno insignificante.

La fluida relación que había establecido con los hombres de la Jefatura II de Inteligencia le permitió salir airoso del aprieto. Dos semanas antes del 24 de marzo de 1976 les comunicó a sus discípulos, Duhalde entre ellos, que lo más atinado era retirar el dinero de las cuantas bancarias que tuvieran y quedarse en casa, junto a la radio, para escuchar las noticias. Luego, cruzar los dedos y ponerse a silbar bajito.

Los hombres de Lomas, por lo tanto, supieron con la debida antelación que los militares pretendían derrocar al gobierno de Isabel y que no iban a andar con miramientos de ninguna índole a la hora de desembarazarse de la mayor parte de los funcionarios del gobierno peronista.

Con todo, los personajes de esta historia corrieron suerte muy disímil durante los primeros años de la dictadura.

A pesar de sus ruegos y promesas de fidelidad y entrega, Calabró no consiguió hacerles comprender a los golpistas que a la provincia de Buenos Aires lo mejor que podía ocurrirle era un interventor militar como él: hombre ligado al sindicalismo y al peronismo; un rostro civil, en fin, en el medio de tantos uniformes, sería beneficioso para los dictadores. Pero no lo escucharon. Victorio, abatido, reunió sus cosas, compró un departamento en la Capital Federal, en Cabildo al dos mil, y allí se enclaustró, no sin maldecir la falta de palabra de sus amigos del Ejército Argentino.

El Tano Tavano, por entonces secretario general de la Juventud Peronista de Lomas de Zamora, abandonó el barrio dos días antes del golpe y buscó amparo en la casa de su hermana Ema, en Las Toninas; de la playa sólo retornó a Lomas cuando pudo corroborar que los militares lo consideraban una pieza irrelevante. A diferencia de sus amigos del grupo, el Tano no tenía oficio o profesión, de manera que se entregó a las changas; peón de albañil, pintor de casas, distribuidor de damajuanas de vino en La Simbólica.

Turner, largamente buscado por los militares, se refugió en la casa de unos parientes, en el Chaco, y allí permaneció tres o cuatro semanas hasta que un día —harto, cuentan, de vivir ocultándose— cometió una tontería: se entregó en una comisaría de Resistencia para que lo investigaran y así acabar con la odisea. Al decir de las versiones, meses más tarde fue arrojado desde un avión al Río de la Plata, en alguno de los tantos vuelos de la muerte que en aquel tiempo coronaban los arrestos ilegales.

El Rata Trezza, abogado, salió disparado a Catamarca y casi de prepo se puso a trabajar en el estudio de los Saadi, familia con la que Duhalde había intimado en los salones de la gobernación de La Plata. Otro de los letrados de la barra de Lomas, Giannettasio, especialista en Derecho Administrativo, erró un tiempo por casas de familiares y, finalmente, cuando advirtió que a la dictadura su nombre no le suscitaba más que apatía, decidió emplearse en la municipalidad de Morón, a las órdenes del interventor militar de turno. Más adelante probaría suerte como jefa de trabajos prácticos en la facultad de Derecho de la Universidad de Buenos Aires.

Sobre el Negro Bujía caerían todas las perdigonadas. En los primeros día de abril de 1976, sobresaltado y temeroso de lo que le pudiera suceder, se presenta en la casa de su jefe, Calabró, y entre sollozos le pide que interceda ante los militares. Ocurre que Bujía no sólo había sido el secretario privado de un gobernador peronista, sino que, además, había cometido muchas macanas: robos, venta de drogas, y cómplice (con algunos hombres de la Triple A) en secuestros extorsivos. "Contá conmigo, volvé a tu casa", le miente Calabró, y acto seguido, apenas Bujía se marcha, levanta el teléfono y da a sus amigos militares el domicilio del Negro.

Una semana más tarde Bujía es detenido. Lo torturarán de modo inclemente.

Duhalde, en cambio, fue víctima de un fugaz equívoco. La policía de Lomas de Zamora, acaso para congraciarse con los jefes militares, resolvió por su cuenta y riesgo capturarlo. El hombre había sido intendente peronista, y todo lo que fuera peronista, coligieron, debía estar encerrado. Pero llegaron tarde. Duhalde y su familia se habían marchado a la casa de unos parientes. Al enterarse de lo ocurrido se preguntó cómo era posible que lo buscaran, cuando en su oportunidad se había mostrado tan solícito con el Ejército. Con un lastimero llamado telefónico a Calabró resolvió de inmediato el malentendido. Volvió a su casa y nunca jamás debió preocuparse.

Por un tiempo se dedicó a gastar tiempo y dinero en el barcito de la calle Balcarce al 100, frente al hospital Luisa C. de Gandulfo. Apuestas, ajedrez, dominó y truco. Después, incentivado por el Negro Toledo, ideó el negocio de las inmobiliarias. El no recuerda por qué una inmobiliaria. Recuerda, sí, que apenas una hora después de abrir el primer local, en la esquina que había heredado de su padre, en Monseñor Piaggio y Colombres, en Lomas de Zamora, vendieron la primera casa. Y que hasta 1982, a través de las cinco inmobiliarias que abrieron —una de ellas en Llavallol—, vendieron no menos de mil propiedades. Doscientas por año. Es dable suponer que Duhalde exagera, o que su socio, el diestro escribano y prestamista Toledo, supo entretenerse con astutas y forzadas hipotecas (hay testimonios que permiten afirmarlo). Despaciosamente, a medida que la histeria militar se fue aplacando, los hombres de Lomas de Zamora comenzaron a retomar la rutina. Duhalde continuaba ganando partidas de ajedrez, rápidas, fulminantes; Tavano se deslomaba en La Simbólica y al caer la noche se unía al grupo; Giannettasio, para eludir los comentarios maliciosos acerca de su empleo en la municipalidad de Morón, cada Navidad abría las puertas de la casa de sus padres, en Banfield, y entre todos daban cuenta de la bodega privada.

A mediados de julio de 1977, el grupo tuvo sobrados motivos para la celebración. El Negro Bujía fue restituido al mundo. Duhalde resolvió agasajarlo con un asado en la casa de Carlitos Tempone, en la calle Oliden, en Lomas. El Tano Tavano pidió un franco en La Simbólica y se ocupó de las compras y los invitados: Mércuri, Raúl López —había sido presiden-

74

te del bloque de concejales peronistas—, Morán, Raúl Alvarez Echagüe, Toledo.

El Negro Bujía llegó en su viejo camioncito, donde había pasado la noche; estaba demacrado. Cuando entre los anfitriones descubrió a Alvarez Echagüe, se puso más pálido aún y empezó a gritar: "¡Estás vivo! ¡Estás vivo! ¡Si me habrán picaneado preguntándome por vos!". Luego se hundió en un llanto inagotable y juró que jamás volvería a meterse en política. Estaba maltrecho y desesperado; no tenía casa ni empleo. Duhalde, entonces, le ofreció alojamiento y un puesto en la inmobiliaria. Bujía lo abrazó y le prometió acompañarlo hasta el último de sus días.

En pocos meses, la inmobiliaria de Piaggio y Colombres se convirtió en una clandestina unidad básica. Bujía hacía gala de un dinamismo sobrenatural; coordinaba los encuentros, se ocupaba de la disposición de las sillas, recorría cada una de las casas de los miembros de la barra de Lomas; en su camión decrépito o en el Chevy rojo que Duhalde le obsequió, viajaba a Catamarca para intercambiar documentos partidarios con Vicente Leonides Saadi.

Los movimientos políticos de Duhalde y sus amigos comenzarán a perder su naturaleza estrictamente confidencial y silenciosa a partir de 1980. En el otoño de ese año el Colegio de Abogados de Lomas de Zamora convoca a elecciones para elegir nuevas autoridades; Duhalde y el Rata Trezza impulsan la creación de una lista opositora (la Azul y Blanca, en alianza con los radicales Juan Manuel Casella, Pascual Capelleri y Melchor Cruchaga) y logran desplazar de la conducción a los liberales y conservadores que a lo largo de cuarenta años habían dirigido el Colegio.

A pesar de su caótica memoria, Duhalde recuerda el episodio como uno de los más relevantes que le tocó vivir en los años de la dictadura. No tanto, sin embargo, como el que había de ocurrir en septiembre del mismo año.

El día 15 de ese mes, el Rata Trezza resuelve festejar su cumpleaños ofreciendo un asado en la casa de la madre. Invita a todos los miembros del Centro de Abogados Peronistas, entre ellos Duhalde, Giannettasio y Castruccio. Un encuentro que, con el paso de las horas, no difiere mayormente de los encuentros que solían realizar en aquel tiempo: vino, empanadas, achuras, chistes verdes y chimentos políticos. No obstante, cerca de la medianoche el sonido del timbre hace que todos dirijan la mirada hacia el zaguán. La cara del Rata se llena de júbilo. "Les tengo una gran sorpresa", dice y seguidamente corre a recibir al visitante. Las puertas se abren y aparece un hombre petiso y sonriente, de abultadas patillas, ataviado con un poncho federal.

Duhalde es el primero en buscar el abrazo de Carlos Menem. Se conocen. Han conversado durante un congreso del partido, en 1974. Pero aquella había sido una charla formal y limitada. Ahora lo tiene delante, invitado por Trezza, que se ha relacionado con el ex gobernador riojano a través de un amigo común: Ramón Saadi. Allí está Menem, con una empanada en la mano, festivo y vaticinando: "Acuérdense de mí, porque voy a ser el futuro Presidente" ("*En mi vida había visto a un tipo tan petulante*", dirá Duhalde luego, al recordar esta escena).

Pese a la contradictoria impresión que le ha causado el riojano del poncho —desde que llegó no ha dejado de gritar a los cuatro vientos que lo han traído al mundo para ser Presidente—, Duhalde conversa larga y animadamente con Menem hasta que los sorprende el primer resplandor del día. Ambos sostienen que es necesario comenzar a reconstruir el circuito político del peronismo, con tino y paciencia, pues la dictadura no puede continuar por infinidad de años. Menem, que pocos meses atrás ha dejado su lugar de detención, en Tandil, bajo libertad vigilada, está sereno; presume que en La Rioja no habrá de surgir ningún candidato capaz de arrebatarle la gobernación. Duhalde, en cambio, debe lidiar en su zona no sólo con Manolo Torres —con quien, más allá de las divergencias, puede dialogar—, sino con Herminio Iglesias, un dirigente tosco, de comportamiento impredecible, que ya conduce de hecho el peronismo provincial.

En los meses posteriores, con notable perseverancia, en una habitación de los fondos de la inmobiliaria, Duhalde y sus seguidores comenzaron a tramar su jugada. Para hacer a un lado a Iglesias en su distrito, no sólo necesitaría acordar con Torres, era preciso, además, reunir bajo una sola corriente las diversas líneas que sus propios amigos habían creado.

Las reuniones se fueron sucediendo hasta pocos meses antes de las elecciones internas de 1982. Para entonces, Duhalde había logrado otorgarle peso y tamaño a la corriente "Perón es Paz, Trabajo y Justicia Social", conformada por las agrupaciones "Patria y Lealtad", "Centro Doctrinario Peronista", "Patria Peronista", "Agrupación Cogorno", "Perón Vive" y "Evita Eterna". Tavano fue designado secretario de Movilización; Toledo y Mércuri ocuparon la secretaría de Acción Política, y Quique Gutiérrez, que presidía la línea "Perón Vive", pasó a ser el secretario de Organización.

De tal modo, la búsqueda de una lista de unidad con Torres se tornó más plausible. La alianza, que llevó el nombre "Siempre con Perón", postulaba a Manolo como presidente del justicialismo de Lomas y a Duhalde como secretario general. Reunieron doce mil votos, contra dos mil del herminismo.

El primer paso había sido dado. Faltaba reunir los fondos para llevar a cabo una campaña electoral razonable. En esas circunstancias Bujía empezó a cobrar dimensión. Dueño de un raro entendimiento y tacto políticos (fruto, tal vez, de la experiencia vivida junto a hombres como Vandor y Calabró), le hizo ver a su jefe que los propietarios del dinero que ellos pretendían no estaban en la provincia, y mucho menos en la Capital.

"Hablemos con los Saadi y con los Romero. Ellos me conocen bien", dijo Bujía. Luego, metió a Duhalde y a Trezza en su Chevy rojo y los tres partieron hacia Catamarca y Salta.

4
El regreso

El Negro Toledo sentía que su cabeza estaba a punto de hacerse añicos. A su lado, mientras procuraba secarse la transpiración de la frente con un pañuelo ya empapado, Dany Castruccio contemplaba la larga mesa plagada de boletas sin ocultar el aturdimiento. Unos metros más allá, en la cabecera de la mesa, Duhalde daba la impresión de haber regresado a sus tiempos de cajero: con suma habilidad contaba y separaba boletas como si estuviera manoseando dinero. Tenía el rostro desencajado.

Hacía dos semanas que el comicio nacional de octubre de 1983 había consagrado presidente de la Nación a Raúl Alfonsín y dejado mustios y boquiabiertos a los peronistas de todo el país. Pero en Lomas, debido a la limitada diferencia que desde un comienzo se había observado entre Duhalde y el candidato radical Horacio Devoy, aún era imposible aventurar un resultado.

Toledo, Castruccio, Duhalde y los hombres del Centro de Abogados Peronistas se habían instalado en el edificio de la municipalidad con el propósito de contar los votos con sus propias manos. La voz oficial los hacía pasar de la euforia al desánimo en cuestión de segundos:

—Devoy, 31.506; Duhalde, 31.660.

—Devoy, 32.001; Duhalde, 31.907.

Por fin, veinte días más tarde, el esfuerzo tenaz llevado a cabo por Duhalde y su corte durante los últimos dos años tuvo su feliz culminación. El peronismo venció por apenas 755 votos —102.041 contra 101.286 que obtuvo el radical Devoy—, y Duhalde, una vez más, agradeció vivamente a la Providencia la gracia recibida. La Providencia, en este caso, tenía para él nombre, apellido, y andaba por el mundo envuelta en un hábito púrpura y dorado: se llamaba Desiderio Elso Colino, era obispo de Lomas, y a sus brazos se entregó, emocionado y agradecido. Colino, amigo de Duhalde y acólito del ex general Leopoldo Fortunato Galtieri, bendijo de buen grado al nuevo intendente.

Lomas de Zamora, por tanto, se incorporó a los contados municipios que había logrado el peronismo: Esteban Echeverría, Florencio Varela, General Sarmiento, La Matanza, Moreno y Merlo. Y Duhalde se convirtió en el principal dirigente antiherminista de la provincia de Buenos Aires.

El intendente y sus amigos, a pesar de mostrarse más avejentados, sintieron que el tiempo no había corrido. Volvían a ocupar sus puestos en el cosmos del poder pero con una visible y ventajosa diferencia: el triunfo les pertenecía, no como en 1974, cuando el buen pasar político había sido fruto de una serie de imprevistos y prebendas venidas de arriba.

Tavano y Gutiérrez ingresaron en el Concejo Deliberante (con posterioridad, éste último sería designado secretario de Obras Públicas del municipio); Mércuri retomó la secretaría de Acción Social; Castruccio se instaló en la subsecretaría de Gobierno, a las órdenes del Negro Toledo, secretario. El Ronco

Lence no demoró mucho en reaparecer con sus proyectos turísticos para chicos pobres, que Duhalde apoyó nuevamente. Trezza, tras las celebraciones, regresó a las faldas de los Saadi para asesorar a Don Vicente en los asuntos de gobierno.

El Negro Bujía, de cuya lealtad y sumisión ya nadie abrigaba dudas, no solicitó cargo alguno a cambio de los favores ofrecidos; su vasta experiencia le había sido de gran utilidad para comprobar que la función pública entorpecía muchas veces el buen desarrollo de los negocios; y cuando el Negro decía negocios, se refería, de manera prosaica, al matonaje y la droga. Resolvió, pues, proseguir en su puesto de secretario privado y guardaespaldas, atender sus negocios y colaborar en todo lo necesario.

Ya en los primeros meses de su gestión, Duhalde dejó entrever que el municipio era para él una suerte de gran empresa en la que estaba dispuesto a hacer y deshacer a su antojo, importándole muy poco el carnaval de alianzas, ruidosas disputas y bosquejos de proyectos políticos que se había apoderado del peronismo al cabo de la derrota. Si alguien deseaba obtener su simpatía, y en especial los millares de simpatías que gradualmente empezaba a reunir detrás de su proyecto, debía acercarse y plantear en términos claros qué ofrecía a cambio.

Prontamente se entregó a retribuir con generosidad los buenos servicios que había recibido durante la campaña. A Taller 4 (minúscula casa de imprenta y fotocopias que había colaborado graciosamente con afiches) le concedió todos los trabajos de papelería del municipio y del Partido Justicialista lugareño. Los hermanos Raúl y Juan Manuel Menéndez aún hoy continúan agradeciéndole al ahora gobernador la deferencia de entonces, porque Duhalde habría luego de contratar sus servicios para el Senado de la Nación y, más cerca en el tiempo, para la gobernación de la provincia. Incluso desde la vicepresidencia favoreció la consecución de un oportuno crédito del Banco Nación para que sus amigos Menéndez pudieran importar equipos de alta tecnología. Con la velocidad de un relámpago, Taller 4 se convirtió en un verdadero emporio con doce sucursales en el país y la distribución exclusiva de las máquinas Canon.

Suerte similar le cupo a la desconocida firma Alvarez y Patiño, empresa recolectora de basura que, en diciembre de 1983, tenía por todo haber tres camiones y un puñado de empleados mal pagos. Semanas después de haber asumido, Duhalde remitió al Concejo Deliberante un escrito en el que proponía anular los contratos que enlazaban a Life S.A. —hasta ese momento encargada de la recolección— con el municipio. La empresa Life, arguye el intendente, recibe por sus servicios el treinta por ciento del presupuesto anual de Lomas de Zamora. "Es una erogación infernal", dice. El fundamento, sin duda, suena persuasivo.

Por unanimidad, el Concejo Deliberante resuelve anular los contratos y le desembaraza el camino a Duhalde para hacer lo que desde un principio se ha propuesto: entregar a sus amigos Alvarez y Patiño (de modo por lo menos curioso, pues no habrá análisis minuciosos de otras ofertas) el estupendo comercio de la basura. Según el presupuesto municipal de 1994, Alvarez y Patiño recibe treinta millones de dólares al año, ingreso análogo al que recibía Life.

No obstante la independencia y decisión que mostraba en la administración del municipio, donde resolvía de modo intempestivo y sin consulta alguna el menor trámite, Duhalde estimó conveniente guiarse por la reflexión y el recaudo en el lupanar político que era el peronismo en 1983. Como lo había hecho en 1974.

De todos modos, acabar con Herminio Iglesias no era tan fácil.

La destreza de Duhalde quedó probada en los primeros meses de 1984. La renovación peronista de la provincia, promovida, entre otros, por Manolo Torres, Antonio Cafiero y Luis Brunati, ya había recibido de La Rioja el apoyo de Menem. Una de las claves de la renovación estribaba en ser condescendiente con Alfonsín; tolerar estoicamente su gorilismo y mostrarse como una oposición crítica pero sin afanes de destrucción.

Duhalde lo entendió enseguida y, conservando una prudente distancia, de manera lenta y sutil, comenzó a tejer relaciones con todos los hombres del peronismo que vilipendiaban a los responsables de la derrota y propiciaban una nueva manera de enfocar y hacer la política: Cafiero, Menem, Luis Macaya, Carlos Grosso, Torres, José Luis Manzano y, en particular, el grupo de los rebeldes que lideraba Brunati.

Ahondar hoy en los vaivenes y circunstancias que le brindaron vida a la renovación suena a ejercicio retórico, pues no fue más que un soplo de aire fresco del que ya no quedan vestigios. Por lo demás, no añade dosis alguna de interés a esta historia. Cabe, sí, recordar los episodios más relevantes que tuvieron a Duhalde como artífice o protagonista dentro de esa corriente.

A pesar de que Cafiero y Duhalde se habían planteado apartar a Herminio de la conducción del peronismo de la provincia, las diferencias entre ambos se hicieron visibles de inmediato. Cafiero, un político más clásico y en ocasiones timorato, habituado a resolver todo desde un despacho, se encontró de pronto ante un dirigente que parecía haberse detenido en el tiempo. Mientras que Cafiero elucubraba sus movimientos entre las cuatro paredes de una oficina, y luego enviaba emisarios con la misión de negociar en su nombre, Duhalde, por el contrario, prescindía de asesores, decidía a solas cada paso y no titubeaba a la hora de concurrir a cuanta reunión, plenario o congreso se realizara. Es que el intendente de Lomas de Zamora había comprendido que a Iglesias sólo se lo podía sacar de la escena si antes lograban absorber a los cientos de dirigentes de base y punteros que, precisamente, hacían de Herminio un hombre particularmente poderoso en las zonas más míseras de la provincia.

Esta discrepancia insalvable en la manera de observar la política quedó de manifiesto en el congreso organizado por el herminismo en octubre de 1984, en el Club Wilson, de Valentín Alsina. Iglesias intuía que sus días estaban contados, razón por la cual convocó a todos sus congresales ortodoxos con el propósito de modificar la Carta Orgánica y añadirle un artículo que le permitiera permanecer al frente del partido seis años más. Cafiero, tal vez el hombre más esperado por los herministas, juzgó más atinado quedarse en casa. Duhalde, que no era congresista, logró sin embargo sortear los controles y, en compañía de Castruccio y Bujía, se ubicó en uno de los extremos del salón. Pasó inadvertido hasta que de pronto se incorporó y a los gritos exigió la democratización del partido. Aún no había finalizado su imprevisto discurso cuando los matones de Herminio se precipitaron sobre él; Bujía se interpuso pero no pudo evitar que su jefe recibiera un certero puñetazo en la cabeza. Los tres consiguieron escabullirse y a las corridas abandonaron el club.

Cafiero se enteró de lo que había ocurrido en el congreso a través de los diarios.

Semanas más tarde, se encontraron casualmente en uno de los laberínticos pasillos del Congreso de la Nación. Duhalde estaba dialogando con el diputado nacional Norberto Imbelloni, hombre de Herminio, acerca de los incidentes en Valentín Alsina. Cafiero se les aproximó y con fingida naturalidad felicitó a Duhalde por la actitud que había tenido en el Club Wilson. Este dejó escapar una risita y dijo:

—*Gracias, muchas gracias. Pero debo decirte que vos no tenés huevos, que sos un cagón.*

Y siguió su camino.

Cafiero se quedó duro como un maniquí. ¿Cómo podía alguien dirigirse de tal manera a un político de su trayectoria, además vicepresidente segundo de la Cámara de Diputados? Uno de sus tantos asesores lo rescató del letargo.

—No hay nada que hacer —se puso a murmurar Cafiero—. Es el Victorio Calabró de los ochenta.

5
Las gauchadas de Cafiero

Manolo Torres se siente dichoso. No es su costumbre, pero esa mañana del verano de 1985 se siente feliz. Ocurre que a los renovadores les resulta peliagudo reunir fondos para la campaña, y él ha conseguido a un tipo que les regala el papel para los afiches y volantes, y que, además, les ofrece una oficina en el centro de la Capital.

Manolo está feliz y por eso llama a Cafiero para contarle la buena nueva:

—Antonio, encontré un boludo que nos da papel gratis y además nos cede una oficinita en la calle Suipacha.

A Cafiero la noticia lo llena de sospecha; su larga experiencia le indica que en el mundo de la política nadie ofrece algo así como así. Quiere saber qué pretende el hombre del papel.

—Lo que quieren todos —replica Manolo—. Ser diputado.

—¡No me digás que le ofreciste un lugar en la lista!

La voz de Cafiero ha sonado como un chirrido.

—Sí, por supuesto —contesta Torres con una

87

carcajada—. Le ofrecí el noveno lugar. Va a entrar si es Mandrake.

Los dos ríen. No tienen la menor idea de que en pocos meses más a la risa sucederán los mutuos reproches por su imprevisión.

—A la tardecita veníte al Congreso con él. Quiero conocerlo —dice Cafiero. Y corta.

Horas más tarde, el viejo caudillo de Lomas de Zamora se apareció en el despacho de Cafiero con un pintoresco hombrecito a cuestas que no dejaba de sonreír y pestañear. Cafiero se quedó contemplándolo de pies a cabeza, tarea que no le llevó mucho tiempo. El dueño del papel era un hombre breve en su estatura pero generoso con su barriga; se movía de manera maquinal, como una suerte de muñeco activado por pilas. Llevaba un traje gris, de corte no muy agraciado, cuyo saco le ceñía aparatosamente los hombros y el abdomen. De pronto, una mano invisible lo conectó, el tipo había dado un paso al frente y se presentaba así:

—Es un placer muy grande conocerlo, doctor. Alberto Pierri, de La Matanza, a sus órdenes.

El Muñeco Pierri había adquirido conciencia de su inclinación por la política poco tiempo atrás, y de manera en extremo original: un día, en las oficinas de su papelera, la San Justo, en La Matanza, había recibido la visita de Juan Carlos Rousselot. El ex locutor estaba en plena campaña; deseaba ser intendente de Morón, concejal o lo que fuere. Quería ser. Le solicitó a Pierri algo de dinero para su noble causa. Aunque conocía a Rousselot desde 1977 —cuando ambos se acercaron al almirante Emilio Eduardo Massera para conocer las ventajas que ofrecía el insólito proyecto de democracia social que promovía el dictador—, el Muñeco dudó. En realidad, no entendía qué lucro podía obtener a través de una inversión de capital en asuntos políticos. "Vos prestáme la guita y vas a ver que no hay mejor inversión", explicó Rousselot. Pierri le entregó un cheque por veinte mil dólares, un par de bobinas de papel, y luego se quedó pensando si no había cometido un desatino. Sus dudas se disiparon dos semanas después. Rousselot lo llamó por teléfono y le anunció que al día siguiente tenía previsto realizar un gran acto en la plaza de Morón. "Veníte, che, y vas a ver lo linda que es la política". Pierri llevó consigo al que por entonces era su socio en la papelera, Oscar Nissenson. En la plaza habría no más de trescientas personas; Pierri, no sin orgullo, creyó reconocer su papel en los afiches que tapizaban el palco, y parte de sus dólares en los cientos de banderas argentinas, el fabuloso equipo de audio y la magnífica campera que vestía su amigo, pues jamás se la había visto antes. Rousselot se puso a hablar sobre justicia social, corrupción y decadencia; citó a Perón en tres oportunidades y prometió bienestar y seguridad para todos los moronenses. Pierri, que rara vez había asistido a un mitín político, y que tampoco había visto a Rousselot en acción, no podía contener la risa; con azoramiento miraba a su amigo, allá en el palco, rimbombante e iluminado como la estrella televisiva que había sido otrora, mientras el gentío aplaudía y lanzaba vivas. Lo codeó a Nissenson y murmuró: "Oscar, si esto es hacer política, yo me meto. Es una boludez".

La incorporación de Pierri al Frente Renovador Justicia, Democracia y Participación (FREJUDEPA) le proporcionó algo de color a la corriente renovadora. Por lo demás, las desavenencias entre Duhalde y Cafiero, cada día más evidentes, dejaron al descubierto que aquellos hombres que decían promover un peronismo remozado y moderno tampoco lograban sustraerse por completo a los vicios, intrigas y desbarajustes internos que constituían el humus de la ortodoxia.

La barra de Lomas, entretanto, se había disgregado. Castruccio, Mércuri y Giannettasio —y su pareja Julio Carpinetti, intendente de Florencio Varela— empezaban a observar con buenos ojos a Cafiero. La doctora Giannettasio, echando mano a su conocimiento de Duhalde, circunstancia que la facultaba a hablar con autoridad, repetía por todas partes: "Yo lo conozco bien. Hay que tener cuidado con el Negro, porque es un enano fascista".

Frente a la imposibilidad de desplazar a Herminio de la conducción del partido en la provincia, Cafiero había resuelto probar fortuna fuera del justicialismo a través del FREJUDEPA; una estructura heterogénea, cuyo objetivo inmediato era el comicio de 1985 y, luego, las elecciones de 1987 para gobernador.

Duhalde creía que los anhelos de Cafiero iban a difuminarse enseguida. Suponía que los dirigentes barriales de Iglesias, muchos y poderosos electoralmente, nunca llegarían a entregarse a Cafiero, un hombre de rasgos amanerados y tono cajetilla que solamente en el interior de un camióm blindado podía atreverse a recorrer las calles de Ingeniero Budge.

Pero Duhalde, al menos en esa oportunidad, se equivocó. En las elecciones de 1985 Herminio —en su última presentación como justicialista, pues un año más tarde sería expulsado del partido— sacó apenas 250 mil votos. El cafierismo, en cambio, más allá de introducir en el Parlamento diez diputados nacionales —entre ellos Manolo y, vaya sorpresa, el hombre del papel, Pierri—, se transformó en la segunda fuerza de la provincia con el veintiséis por ciento de los votos. La UCR había conseguido el cuarenta y tres por ciento.

La buena elección que hizo el FREJUDEPA dejó a Duhalde perplejo y lo motivó a tentar suerte con los renovadores. Al fin de cuentas, comenzaba a asomar como el dirigente antiherminista más relevante de la tercera sección electoral, zona particularmente rica en votos para una elección interna y también para cualquier comicio nacional o provincial. Los otros dirigentes de la región, como Manolo Quindimil, de Lanús, y Federico Russo, de La Matanza, estaban empecinados en permanecer junto a Herminio.

Duhalde sabía que Cafiero, metido ya en la carrera hacia la gobernación, no podía prescindir de la fuerza que se concentraba en la tercera sección. Allá fue, pues, a ofrecerle votos a cambio de una candidatura.

La reunión se llevó a cabo en el Hotel Colón, en la Capital. Cafiero, como acostumbraba hacerlo, lo recibió circundado de asesores, Brunati y Castruccio entre ellos.

—*Yo apoyo el movimiento de renovación* —arguyó Duhalde—, *pero usted, Antonio, ¿cree que puedo aspirar a ser el candidato a la vicegobernación?*

—Escúcheme, Eduardo —replicó Cafiero sin titubear—. Yo ahí tengo un compromiso con Manolo Torres, y no lo puedo traicionar.

—*Podemos hacer un acuerdo*— dijo Duhalde.

Cafiero lo miró con aprensión. Siempre había temido los acuerdos que no partían de él. Dijo:

—¿Cuál?

—*Hagamos la interna de Lomas. Si gana Manolo, el candidato a la vice es él, y si gano yo, bueno, ahí voy a haber fundamentado mi candidatura a vicegobernador. ¿Qué le parece, Antonio?*

Cafiero, jamás se sabrá por qué, aceptó de inmediato; abrazó a Duhalde y lo acompañó hasta la puerta de la sala.

91

A la mañana siguiente, se lanzó a apoyar política y económicamente a Torres como nunca antes lo había hecho. El esfuerzo de Cafiero, no obstante, había de ser infructuoso.

El Negro Bujía partió hacia Salta y Catamarca y obtuvo el sostén económico de los Romero y los Saadi; luego, siempre en su Chevy rojo, recorrió cada uno de los partidos de la tercera sección ofreciendo cargos, regalías y uno que otro bocado en sus negocios; llegó, incluso, a edificar él solo una unidad básica duhaldista en las narices de Manolo Quindimil, en Lanús. Duhalde venció a Torres son suma facilidad.

Enterado de la derrota de su amigo Manolo, Cafiero reúne con urgencia a sus allegados en las oficinas de la calle Suipacha.

Está apesadumbrado, pero sin embargo decidido:

—Ese tipo no puede ser mi candidato a vicegobernador —dice sin vueltas—. Sé que hice un acuerdo, pero quizá me apresuré al aceptarlo. Necesitamos encontrar otro nombre.

—Una decisión de este tipo nos puede traer graves problemas —le advierte Brunati—. Sin Duhalde, olvídese de los votos de la tercera sección.

—Pero Luis, sin la tercera podemos ganar. Además, a este Duhalde lo podemos conformar con la candidatura a primer diputado nacional, ¿no? Busquemos a alguien del interior de la provincia para que me acompañe en la fórmula.

—El único que hay en el interior es Luis Macaya, en Tandil—dice Brunati dejando entrever cierto fastidio.

—No, no. Eso me parece demasiado premio para Luisito.

Duhalde recibió la deslealtad como un verdadero sopapo. Pero hizo gala de gran sobriedad; en público nada le recriminó a Cafiero; a puertas cerradas, en cambio, en la quinta Don Tomás, les vaticinó a Tavano, Toledo y Bujía que, con ese gesto inesperado, aquel hombre de cabellera plateada había dado el primero de los pasos que lo conducirían a su muerte política. *"Puede que llegue a gobernador, pero yo me voy a ocupar para que de ahí vaya a parar a un geriátrico."*

El congreso del partido le había concedido a Cafiero atribuciones para hacer con las candidaturas y las listas lo que más se le antojara. La ausencia de opciones lo llevó por fin a premiar a Macaya, un hombre decididamente renovador pero desprovisto de peso electoral considerable; de hecho, sólo contaba con el apoyo de Francisco "Coco" Basile, de Las Flores; Moisés Fontenla, de Castelli, y la poca militancia de Necochea.

Pero Cafiero se había encaprichado con él. De modo que se reunió con Duhalde, le ofreció el primer lugar en la nómina de candidatos a diputados nacionales y acordó con él tornar público el convenio durante el congreso que se iba a realizar en La Plata. Duhalde lo aceptó, y así se hizo.

Con todo, días después del encuentro en La Plata, Cafiero fue asaltado una vez más por la incertidumbre. Nuevamente las oficinas de la calle Suipacha, los asesores, los sobres de sal de frutas, y un Cafiero alechugado, dispuesto a echar por tierra su palabra. Dice:

—De ninguna manera puedo aceptar a Duhalde como primer candidato. Lo vamos a poner segundo, y algún día tendrá que agradecérmelo.

Todos sus asesores lo miran con perplejidad. Aguardan una explicación, aunque la verdadera (que nunca jamás podrá tolerar a su lado a un hombre que delante de tres testigos lo ha llamado cagón) no la dirá.

—Es algo que me sale de adentro —continúa—. Es como una cuestión de química, ¿entienden? Así que lo he pensado. Necesitamos a un hombre notable y decente. Voy a llamar a Luder y le voy a ofrecer el puesto.

Castruccio y Orlando Caporal, apoderados de la lista en las internas, fueron a la casa de Luder, en la calle Posadas, y le ofrecieron formalmente la candidatura. Italo Argentino Luder, alguna vez vicepresidente del país por inconveniencia, tomó el ofrecimiento como una gracia divina. Es que su suerte como político, luego de la derrota electoral frente a Alfonsín en 1983, ya parecía echada.

Duhalde se enteró de la maniobra a la mañana siguiente. Se lo hizo saber el Negro Bujía, que en la madrugada, al salir de un prostíbulo de Lanús, se chocó con un canillita y le arrancó un diario; dominando la bronca aguardó en el Caffé París, a contadas cuadras de la casa de Duhalde, hasta que se hicieron las siete. Luego, llegó jurando venganza y arrojó el diario sobre las rodillas de su jefe.

Duhalde, con el auxilio de su lacayo, Carlos Mao, se vistió a las apuradas y le ordenó a Bujía que lo llevase enseguida a la oficina de Suipacha.

Al verlo ingresar de esa manera, despeinado y farfullando cosas incomprensibles, Cafiero y sus allegados supusieron que la situación se iba a tornar incontrolable. Pero Duhalde los sorprendió.

—¿*Es cierto*? — preguntó con voz queda.

—¡Escuchemé, Eduardo, estamos tratando de sacar más votos! — en la cara de Cafiero había una sonrisa que en vano quería resultar seductora —. ¡No se me ponga así!

—*Está bien, está bien* —dijo Duhalde con rara delicadeza—. *Usted es el que manda, Antonio.*

Y se retiró. Minutos más tarde llamaba a su amigo Toledo y, sin esconder la bronca, le decía:

—*Me cagaron feo, Negro, muy feo. En el primer lugar pusieron a Luder, ¿te das cuenta? Un tipo de ce-*

ra. Cafiero no quiere dirigentes a su lado; quiere empleados.

A Duhalde lo atacó una intensa depresión. A lo largo de dos semanas se recluyó en su casa, eludió entrevistas y postergó más de un encuentro político. Chiche se asustó, y, a pesar de las protestas de su marido, llamó al médico de cabecera de la familia, Horacio David Pacheco, y le pidió consejo. Dos ansiolíticos por día, un poco de ajedrez y reposo, fue la receta del doctor.

Restaban cuarenta días para las elecciones del 6 de setiembre de 1987 cuando de improviso Duhalde se presentó en el Hotel Bauen, donde Menem, ya con los ojos puestos en las elecciones presidenciales de 1989, había instalado las oficinas de su corriente Federalismo y Liberación. *"Quiero que sepa que cuenta con todo mi apoyo en su carrera a la presidencia"*, le dijo Duhalde. "¿Sabe una cosa, Eduardo?", dijo Menem entre risas. "Yo sabía que usted iba a venir, yo siempre sé lo que va a ocurrir, y por eso lo estaba esperando".

Cuando le refirieron el encuentro en el Bauen, Cafiero meneó la cabeza en señal de reprobación y reflexionó: "Duhalde es loco, pero no come vidrio. No puede cometer una tontería política como ésta. El sabe que con Menem no va a llegar a ninguna parte".

Aunque ahora ambos tenían a Cafiero como adversario —uno, desairado a causa de los empellones recibidos; el otro, porque sabía que el candidato a gobernador sería su rival en las internas para las elecciones de 1989—, Menem y Duhalde acordaron apoyar la candidatura pero con discreción. Cafiero en la gobernación no estorbaba, muy por el contrario: una victoria peronista en la provincia de Buenos Aires, fuera cual fuere el hombre, contribuía a la restitución de la imagen del justicialismo, entonces maltrecha. Con todo, Menem y Duhalde estimaban temerario dejar que el poder de Cafiero se extendiera también a la administración de los municipios.

Así las cosas, Federalismo y Liberación, con el desembozado respaldo de Duhalde, se lanzó a promover sus propios candidatos en los diversos distritos del conurbano. Las incursiones de los menemistas irritaron sobremanera a Torres, que propuso desconocer a Menem como uno de los conductores nacionales de la renovación y dejar solamente a Cafiero y Carlos Grosso a la cabeza.

(La sociedad por conveniencia Duhalde-Cafiero prontamente se deshizo. Y la renovación, una ilusión tal vez, o, cosa más probable, un simple ardid político excitado por oportunos afanes de poder, se descuadernó, quedando hoy de ese movimiento, acaso, un par de líneas en algún meticuloso tratado de historia contemporánea.)

El levantamiento carapintada de la Semana Santa de 1987 obligará a Cafiero a suspender momentáneamente la continuidad de la campaña. El sábado por la mañana, luego de haberle asegurado a Alfonsín que el peronismo de la provincia de Buenos Aires tampoco permitirá que un puñado de militares levantiscos amenacen la democracia, y que, por tanto, colmarán Plaza de Mayo en la manifestación prevista para el día siguiente, Cafiero reúne de prisa a todos los consejeros justicialistas de la provincia en el local partidario de la avenida Belgrano al 900.

Además de los treinta y dos miembros, concurren algunos invitados especiales, como Guido Di Tella, Duhalde (que no es miembro del Consejo) y Hernán Patiño Meyer, especialista en temas militares.

Muy circunspecto, de pie y con los puños apoyados en una de las cabeceras de la mesa, Cafiero inicia el diálogo:

—Todos están al tanto de lo que pasa. Bueno —abre los brazos en abanico—, ¿qué hacemos? ¿Vamos a la plaza o no vamos?

La pregunta del presidente del Consejo ha hundido a todos en un largo silencio. Al parecer, ninguno de los presentes había reflexionado acerca de la cuestión.

Patiño Meyer es el primero en atreverse a pronunciar palabra. Se incorpora y dice:

—Yo entiendo la situación y conozco el tema perfectamente. Pero debemos pensarlo bien —se pone a dar un rodeo por el salón; al cabo de una pausa añade—: Creo que tenemos que apoyar al gobierno siempre y cuando el gobierno nos ofrezca algo.

Los miembros del Consejo parecen despertar de su mutismo. El salón se puebla de murmullos.

—Perfecto, ¿pero qué? —quiere saber Di Tella.

—No sé. Por lo menos, un ministerio —dice Patiño Meyer.

—Estoy de acuerdo —interviene Eduardo D'Amico.

—De todas formas —continúa Patiño Meyer—, nosotros no podemos manejarnos con una sola versión. Así que, con el permiso de ustedes, voy a hablar con el señor Rico para ver qué quiere.

Y se marcha.

Luis Brunati pega un salto en la silla y a los gritos manifiesta su absoluto desacuerdo con Patiño Meyer. Pide cordura.

—Esto es una terrible falta de consideración —empieza—. Estamos en el medio de un levantamiento. Lo que debe hacer el Partido Justicialista es respaldar a las instituciones.

Nadie lo ha escuchado. La reunión del Consejo se ha convertido en un aquelarre; algunos, más venenosos que cobardes, dicen que en diciembre de 1985 Alfonsín ya los ha engatusado con un golpe que no fue, de modo que irán a la plaza cuando tengan absoluta certeza de contar con un ministerio, una secretaría o lo que fuere; otros ladean la cabeza para intercambiar secretos indecibles, y unos pocos, a viva voz, proponen ganar las calles y apoyar al gobierno radical sin más trámite.

El caos continuará durante un par de horas. La calma únicamente retorna cuando Patiño Meyer irrumpe en el salón y, al tiempo que bate palmas, se pone a gritar: "¡Escuchen! ¡Escuchen!".

—Estuve en Campo de Mayo —dice—. Esto ya está. Es un movimiento muy fuerte. No hay cómo pararlo. Además —en su boca ha brotado una sonrisa de satisfacción—, es gente nacionalista que no está en contra del peronismo.

Di Tella se entusiasma:

—¿Ven? Es lo que yo quería decirles pero ustedes no querían escucharme. Yo creo que el golpe de Estado es un hecho.

Cafiero se deja caer en el sillón como una marioneta.

—¿Qué hacemos entonces? —pregunta, como hablando solo.

—Lo que hay que hacer —prosigue Di Tella— es fácil: irse. Así que yo me voy a los Estados Unidos.

Aldo Pignarelli, futuro director del Banco de la Provincia de Buenos Aires, le echa una mirada cargada de sospecha. No está seguro de haber entendido.

—Escucháme, Guido —dice por fin—, ¿los demás países van a reconocer a un gobierno militar?

Di Tella responde sin vacilar:

—Pero, querido —dice con su voz arrastrada—, primero nos va a reconocer Sudáfrica, después nos va a reconocer Uganda y por último la Comunidad Europea. Quedáte tranquilo.

Cafiero continúa observando todo como un búho, gris e inmóvil.

Sólo entonces interviene Duhalde:

—*Yo pienso que hay que hacer lo que propone Luis* —dice con vehemencia—. *Con estas cosas no se puede joder. Tal vez lo mejor sea ir a la plaza y después vemos si Alfonsín quiere sacar algún rédito político con el tema.*

—Eduardo tiene razón —dice Darío Alessandro.

Brunati es el más ofuscado.

—Independientemente de lo que resuelva el partido —dice con amenazadora suavidad—, Moreno se va a movilizar mañana a Plaza de Mayo.

Suenan algunos aplausos y no pocos silbidos. Luego, Patiño Meyer partirá nuevamente hacia Campo de Mayo; Di Tella, con su aire engolado, susurrará algo parecido a "buenas noches" y desaparecerá.

Al día siguiente, la gente de Moreno encabezaría la columna peronista; le seguían los partidarios de Cafiero y Grosso. Los del intendente Duhalde llegaron pocos minutos antes de que Alfonsín deseara felices Pascuas a todos los argentinos. Di Tella, en tanto, tomaba un brandy en el vuelo que lo conducía a Nueva York.

6
Hola, Menem

A los radicales les costó sobreponerse a la derrota de Juan Manuel Casella. Estaban persuadidos de que iban a vencer a Cafiero. En la Casa Rosada sugerían que la artimaña del ministro del Interior, Enrique Nosiglia, había sido inconducente y, por lo demás, temeraria, pues conjeturaban que con el correr del tiempo la sociedad iba a enterarse de la malograda maniobra.

Meses antes del comicio, al advertir que algunas encuestas reservadas indicaban un empate técnico entre Cafiero y Casella, el Coti había urdido una treta fundada en su lógica maquiavélica: resucitar al infortunado Herminio Iglesias —despedido del Partido Justicialista a puntapiés—, y de tal manera restarle votos a Cafiero, hecho que favorecería indirectamente a Casella. En 1985, en las elecciones legislativas, Herminio había obtenido el nueve por ciento de los votos; un porcentaje que llegado el momento podía ser decisivo para inclinar el comicio hacia el radicalismo.

Coti, entonces, se reunió en dos ocasiones en casa de Iglesias, en la calle Oliden, de Avellaneda, y le formuló la propuesta: un dólar por cada uno de los votos que había obtenido en 1985, es decir, 250 mil dólares, y todo el apoyo del Ministerio del Interior para armar su partido. Sin rumbo como andaba, Herminio aceptó la aventura; inventó el Movimiento 17 de Octubre, improvisó una lista y allá fue.

Pero Herminio no llegó a juntar doscientos mil votos. Y ganó Cafiero. Porque Nosiglia no tenía por hábito sentarse a compartir una ginebra con los dirigentes herministas del conurbano, razón por la cual ignoraba que la mayor parte de los hombres de Iglesias, al haber percibido que la victoria de Cafiero era factible —con ellos o sin ellos—, ya habían optado por el justicialista renovador. Nosiglia, en fin, no comprendió que a los hombres de Herminio sólo les satisfacía la permanencia política, acaso un buen empleo.

De haberlo escuchado en aquellos días a Federico Russo, intendente y caudillo de La Matanza, Nosiglia habría tramado otra jugarreta: "Yo, Herminio, si querés te acompaño hasta el cementerio", le había dicho Russo a Iglesias. "Pero a tu tumba no entro".

Antonio Cafiero es sin duda un hombre que precisa estudiar cada uno de sus movimientos políticos con extraordinaria antelación. Estamos a mediados de diciembre de 1987, aún no ha cumplido quince días en el despacho de la gobernación, y ya ha convocado a una reunión de gabinete con el propósito de comenzar a moldear su campaña para el comicio presidencial de 1989.

Su apetito es considerable. Basta escucharlo:

—Queridos compañeros —dice—, los he llamado porque me parece de vital importancia que desde ahora empecemos a pensar en las internas del próximo año. No nos pueden tomar desprevenidos. Por eso, he decidido que saquemos una solicitada en todos los medios, firmada por todos los dirigentes de la provincia y de la capital, respaldando mi candidatura a la presidencia de la Nación.

El ministro de Obras y Servicios Públicos, Alieto Guadagni —secretario de Estado de Energía en tiempos de la dictadura—, y el ministro de Gobierno, Luis Brunati, intercambian un gesto de sorpresa. Es la segunda reunión de gabinete, todavía no han podido conversar acerca de los avatares de la administración y menos aún sobre planes de gobierno, y allí está el gobernador, dirigiéndose a sus ministros como si estuviesen en una unidad básica. Pero están en el espacioso Salón de Acuerdos de la casa de gobierno, en La Plata.

Los otros miembros del gabinete también miran sin ocultar el asombro. Sólo el vicegobernador, Luis Macaya, da la impresión de sentirse apremiado por las mismas urgencias que su jefe.

Dice:

—Antonio tiene razón. No debemos dejar que Menem se nos adelante. Hay que empezar a actuar.

De pronto, de una carpeta de cuero marrón, extrae un puñado de papeles y se pone a distribuirlos. Es el texto de la solicitada:

Antonio Cafiero fue el hombre capaz de renovar el diálogo entre el peronismo y la sociedad argentina. Frente a la desesperanza generalizada, supo recrear en cada uno de nosotros la confianza necesaria en un futuro distinto y mejor. Frente a la soberbia de los que se marginan, creyó que el triunfo sólo sería posible a través de la unión de todos los sectores nacionales y populares. Así, recurriendo permanentemente a la utopía como un valor transformador, terminó por convertirse en el nervio motor de esta etapa de cam-

103

bio. Cuando nosotros confiamos en Antonio Cafiero, él nos correspondió con la victoria. Hoy estamos absolutamente convencidos de que en él se conjugan los mejores valores que los argentinos reclaman. Por eso lo invitamos a que proclame, junto a nosotros, la CANDIDATURA DE ANTONIO CAFIERO A LA PRESIDENCIA DE LA NACION. *Sólo así, en 1989, el Pueblo Argentino concretará sus más caras esperanzas.*

—Léanlo, comenten lo que les parezca y usted —Cafiero se ha incorporado y con la barbilla erguida se dirige a Brunati—, por favor, dedíquese ahora mismo a reunir las firmas.

De inmediato Brunati entiende que su superior le habla no por su condición de ministro, sino de secretario general del Partido Justicialista de la provincia, y el gobernador, en la reunión de gabinete, se ha comportado como lo que también es: presidente del partido. Brunati obedece de mala gana. Porque ha advertido que la victoria le ha hecho mal a Cafiero; de pronto lo ha convertido en un dirigente más, ávido de poder. Muchos dirigentes como Brunati habían llegado a creer que alrededor de Cafiero iba a ser posible construir una estructura firme y duradera que le proporcionara nuevos aires al peronismo. Por eso, el brusco cambio de Cafiero, y el impúdico modo en que demostraba su afán por llegar a la presidencia, ha disgustado a varios miembros del gabinete. Así y todo, Brunati se encierra en su despacho y se abandona a la tarea. Decenas de llamados. Todos los dirigentes convocados aceptan integrar la nómina de firmantes. No obstante, hay un escollo que Brunati no sabe cómo sortear: Duhalde. Brunati lo tiene en el teléfono, le conversa, improvisa argumentaciones en las que ni él mismo cree, pero el hombre de Lomas de Zamora, dueño del veinte por ciento del padrón justicialista en la provincia de Buenos Aires, parece irreductible.

—*Pero escucháme* —le dice Duhalde—. *Antonio me cagó tantas veces que lo menos que puede hacer es llamarme él. Decíle que si tiene bolas me llame.*

Brunati cuelga. Media hora más tarde está sentado de cara a Cafiero.

—Ya están todos —le dice—. Hay un sólo problema: hablé con Eduardo Duhalde y dice que lo llame usted.

A Cafiero se le infla la papada.

—De ningún modo —dice—. Yo soy el gobernador. No puedo estar llamando a cada dirigente para que firme una solicitada.

Macaya, obsecuente y conciliador, interviene:

—Si quiere, Antonio, lo llamo yo.

Pero la mediación de Macaya será también inútil.

—*Mirá que son vuelteros* —le dice Duhalde—. *Pido que me llame Antonio y ahora me llamás vos. Decíle que no muerdo. Que me llame él.*

"Es incorregible, es incorregible", dirá el gobernador y se mantendrá en sus trece. La solicitada, bajo el título CAFIERO PRESIDENTE, aparecerá el 21 de diciembre de 1987 en todos los diarios y con las firmas, entre otras, de Carlos Corach, Fermín Chávez, Andrés Framini, Patricia Bullrich, Miguel Angel Toma, Miguel Unamuno, Eduardo Vaca, Jorge Taiana (h), Esteban Righi, Alberto Rocamora y algunos representantes del mundillo cultural peronista, como la periodista Mona Moncalvillo y los actores Rubén Stella y Alberto Fernández de Rosa. Ciento ochenta firmas. La ausencia de Duhalde será notoria.

Duhalde, vicepresidente de la Cámara de Diputados de la Nación, había aguardado el llamado de Cafiero no con la finalidad de discutir sobre el contenido de la solicitada o trivialidades por el estilo. Durante minutos había esperado el llamado de Cafiero para decirle no, no pienso firmar y algo más, seguramente.

Pocas horas después de haber salido publicada la proclama cafierista, fue Carlos Menem quien telefoneó a Duhalde. "Eduardo, te felicito", le dijo, "he visto los diarios y creo que debemos hablar". Duhalde recibió las palabras de Menem con gran satisfacción; estaba proverbialmente harto de los continuos desplantes de Cafiero. No toleraba, en particular, que el ahora gobernador ignorara su poderío electoral, el papel que había cumplido en el desplazamiento de Herminio, y que lo tratara, entonces, como una marioneta.

—*Es verdad, Carlos. Creo que tenemos muchas cosas que hablar* —le dijo Duhalde a Menem.

Tras una sucesión de llamados telefónicos y secretas deliberaciones en la quinta Los Caudillos, del Negro Toledo, Duhalde resolvió hacer pública su adhesión a la precandidatura de Menem. Se dirigió al centro de campaña del gobernador de La Rioja, dialogó con Juan Carlos Rousselot, intendente de Morón y coordinador de las actividades menemistas en la provincia de Buenos Aires, y en conferencia de prensa comunicó su decisión: "*Las bases peronistas alientan las esperanzas de que Carlos Menem sea el presidente de todos los argentinos*", dijo.

Rousselot, hombre que muchos daban por seguro precandidato a la vicepresidencia, celebró la incorporación de Duhalde sin tener la menor sospecha de que estaba celebrando el fin de su aspiración.

El grupo de hombres que promovía a Rousselot era un acabado retrato del menemismo más cerril y pendenciero de entonces: Alberto Samid, empresario de la carne, procesado en diez ocasiones por delitos tales como robo de automotores, agresiones y portación de armas de guerra; Luis Barrionuevo, dirigente gastronómico; Mario Caserta, oscuro dirigente de Lanús, y Carlos Cañón, agente de Inteligencia, compinche del ex dictador y almirante Emilio Massera y defensor de la causa de los militares carapintada. Aunque el peso político del ex locutor en Morón era digno de ser tenido en cuenta, su nombre, no obstante, traía a la memoria los infaustos tiempos de la Triple A, tempestuoso grupo paramilitar de la derecha peronista que entre los años 1973 y 1975 se había consagrado a la persecución de artistas, intelectuales, políticos, y al asesinato de decenas de militantes del llamado peronismo revolucionario. Aunque jamás llegó a comprobarse fehacientemente la participación de Rousselot en las actividades de la Triple A, en la amplia investigación judicial que oportunamente se llevó a cabo su nombre aparece en más de una ocasión. Siempre enlazado a José López Rega, ideólogo del grupo paramilitar.

Rousselot, por lo demás, muy lejos estaba de satisfacer un requisito que Menem reputaba esencial para brindarle magnitud y probabilidad a su anhelo: provenir de la renovación para de tal modo fragmentar al cafierismo y absorber buena parte de sus dirigentes y seguidores.

Menem pensaba en Macaya. "Nada mejor que seducir al segundo de Cafiero para escindir a los renovadores", decía.

Luego de varias charlas en las oficinas que el menemismo tenía en la avenida Callao, a metros de El Tropezón, Menem logra convencer a los promotores de Rousselot acerca de lo atinado de su estratagema. Tan laboriosos como subyugados, Caserta, Barrionuevo y Cañón parten al encuentro de Rousselot, y, al cabo de una reunión áspera y por momentos alborotada, el hombre de Morón acuerda hacerse a un lado. Después de todo, se requiere algo más que gallardía para contrariar los argumentos de tres hombres como Barrionuevo, Cañón y Caserta. Aunque no pronuncien palabra, su sola presencia mueve a la aceptación de cualquier propuesta.

Audaz, en cambio, y acaso ingenuo, será Macaya, que horas más tarde, tras escuchar la proposición de los emisarios de Menem, dirá:

—Me honran con esta invitación, pero creo que con Menem no van a llegar a ningún lado.

Macaya respondió de ese modo sin haberlo consultado con nadie. Enterado del episodio, Cafiero lo felicitó vivamente y hasta bromeó acerca de los términos de la respuesta ofrecida por su vicegobernador: "Tiene razón, Luisito. No van a llegar a ninguna parte. Como mucho, llegarán a La Rioja y allí se quedarán".

Duhalde, en tanto, contemplaba estos vaivenes y aguardaba con gran serenidad la llegada de su hora, que sobrevino, por fin, debido a la testaruda mediación de Julio Mera Figueroa. El dirigente salteño echó mano de los buenos influjos que tenía sobre Menem y le insistió hasta el hartazgo sobre la conveniencia de nombrar a Duhalde como su compañero de fórmula. Algunos funcionarios radicales de la Secretaría de Inteligencia del Estado (SIDE), todavía conservan las grabaciones telefónicas donde Mera Figueroa y Menem conversan largo y tendido sobre el tema. "No tengas dudas, Carlos", dice la voz de Mera Figueroa una y otra vez. "Duhalde fue el único hombre de la provincia que le hizo frente a Herminio; tiene votos y además va a partir al medio a la renovación. No lo dudes". "Duhalde es un hombre recto, Julio —dice Menem—. Y es verdad, tiene poder en la provincia. Pero le gusta manejarse solo. Porque justamente tiene eso que yo necesito: votos y dirigentes. Lo voy a pensar, pero no me gustaría tener a mi lado a un hombre con proyecto y peso propios."

La obstinación de Mera con Duhalde no respondía a un simple capricho. Se habían conocido en la primavera de 1981, en Catamarca, donde Mera, temporariamente instalado en esa provincia, había creado la corriente "Intransigencia y Movilización" junto a la familia Saadi. En realidad, Bujía y Trezza fueron los encargados de tejer el lazo. El Rata trabajaba en el estudio de los Saadi, y Bujía, en representación de Duhalde, viajaba a menudo al noroeste para buscar apoyo político y económico. A Mera le resultó novedoso, y también simpático, que un dirigente de la provincia de Buenos Aires dirigiera su atención hacia el interior del país. Le otorgó todo su apoyo, político y económico.

Pero Menem, a pesar de la persistencia de su amigo Mera Figueroa, no estaba del todo seguro. Durante la campaña de 1987 había podido advertir que en la provincia de Buenos Aires la imagen de Duhalde era sobradamente más respetada que la suya. Duhalde había sido el anfitrión, el hombre que, así como le había abierto las puertas de la provincia, de igual modo se las podía cerrar para siempre. Y eso le provocaba un serio recelo.

Menem, pues, se tomó su tiempo. Y solamente resolvió el enigma cuando comprendió que no podía prescindir de los votos y de la buena cantidad de dirigentes y punteros de la provincia que le brindaría Duhalde. En la última semana de febrero de 1988, en el transcurso de una conferencia de prensa realizada en el Hotel Elevage, tornó pública su decisión.

Habitualmente reacio a celebrar sus logros políticos, en esta oportunidad, sin embargo, Duhalde hizo a un lado la compostura y organizó un ruidoso asado en la quinta Don Tomás. Toledo, intendente de Lomas, ocupó una de las cabeceras de la larga mesa; con una copa de champán en la mano abrió la serie de discursos y congratulaciones:

—Brindo por el futuro gobernador de la provincia de Buenos Aires.

Duhalde, sin contener la risa, se incorporó y, alzando también su copa, bromeó:

—*Sos más avispado de lo que pensaba, Negro. Creo que sos el único argentino que entendió la jugada.*

A lo largo de la campaña por las elecciones internas del justicialismo, la vida de Duhalde dio un visible vuelco. Algunos viejos amigos, como Osvaldo Mércuri, la senadora Giannettasio y el diputado Castruccio, ambos de la Legislatura de la provincia, continuaron momentáneamente alejados de él, apostando por la fórmula Antonio Cafiero-Juan Manuel de la Sota. A Duhalde, no obstante, la postura de sus amigos no le causó irritación o disgusto:

—*Por diferencias políticas de ese tipo no voy a romper amistades que vienen de años.*

Con todo, nuevas amistades florecieron.

Hasta el 9 de julio de 1988, día del comicio interno que finalmente deshizo el anhelo de Cafiero y le otorgó dimensión al proyecto menemista, Duhalde y Chiche supieron trabar una compacta amistad con Barrionuevo, Caserta, Samid, Rousselot, Pierri y sus respectivas mujeres. Cada lunes se reunían en la casa de alguno de los matrimonios. Eran fiestas reservadas donde comían y bebían hasta el empalagamiento, y, al promediar la madrugada, animados por el alcohol, los hombres se trenzaban en un juego de preguntas y respuestas acerca de la historia del peronismo: ¿Cuáles fueron las primeras palabras de Héctor J. Cámpora al asumir la presidencia de la nación en 1973? ¿Cuándo y dónde se abrazaron Ricardo Balbín y Perón? ¿Quién era el jefe del bloque peronista de la Cámara de Diputados en 1949? Duhalde y Barrionuevo solían llevarse los aplausos; Samid, Caserta y

Rousselot improvisaban respuestas sin sentido; Pierri, en tanto, encogía los hombros y sonreía, sólo sonreía.

Durante la campaña, el Ronco Lence hizo gala de una lealtad sin límites. En esta oportunidad, su negocio se remitió a la construcción del Menemóvil. "Ustedes no pueden recorrer todo el conurbano bonaerense encima de un camión recolector de basura", les dijo. "Es inseguro. Déjenme, que con los ingenieros de El Cóndor les voy a diseñar un vehículo de lujo". Duhalde supervisó cada uno de los detalles de la construcción de la inédita mole y el Ronco se llevó a la billetera ciento cincuenta mil dólares. Entretanto, sin tomarse respiro, Bujía y el Rata Trezza recorrían cada una de las provincias del país en el Chevy, a la caza de fondos y complicidades políticas.

A pesar de la profusión de conjeturas y alambicados análisis políticos que se han lanzado al viento para explicar las razones que lo movieron a probar fortuna con un candidato de antemano perdidoso en el mismísimo comicio interno, Duhalde, hoy, prefiere ofrecer una respuesta de tinte esotérico: *"Menem era un tipo con suerte. Por eso lo seguí, nada más"*.

Lo seguirá, es cierto, pero guardando una prudente y astuta distancia: la Liga Federal, creación de Bujía y Toledo a la que de inmediato se habrán de incorporar diversos dirigentes del conurbano —Pierri, entre otros—, será la estructura política en la que se apoye el vicepresidente.

El resto, es decir, la victoria del menemismo en las elecciones de 1989, los saqueos, la hiperinflación y la crisis política del gobierno radical, es historia harto conocida: cuando Alfonsín no sabía ya cómo aplacar el incendio que abrasaba todo el país proyectando las llamas hasta el cielo, Menem y Duhalde, victoriosos ya, juzgaron oportuno llevar a la práctica el consejo que Perón, desde el exilio, les había hecho llegar a los peronistas a mediados de 1966: "Al viejo Illia acérquenlo hasta al abismo pero no lo empujen. Que se caiga solo".

El histórico adversario de Duhalde en Lomas de Zamora, Manolo Torres, no pudo asistir a la coronación de su vecino.

Murió el 3 de junio por la noche, a los 58 años. Un paro cardíaco.

Duhalde le ofreció a la familia de Manolo uno de los salones del edificio de la intendencia de Lomas para realizar el velatorio. "Jamás dejaremos que lo velen en ese palacio de la corrupción. Y menos todavía que un hombre como Duhalde, que le hizo la vida imposible, pretenda ser el anfitrión", replicaron los parientes.

Entre las decenas de funerarias que había en Lomas de Zamora, para velarlo la familia escogió un local estrecho y sombrío pero situado en un lugar sin dudas simbólico: Hipólito Yrigoyen al 8700, justo en la vereda opuesta al edificio de la intendencia.

7
En la Casa Rosada

Los primeros meses de Duhalde como vicepresidente son atípicos, por momentos inusitados; sus palabras y gestos no guardan relación con los lánguidos movimientos de un habitual vicepresidente.

Ausente Menem por compromisos en el extranjero, firma y firma decretos, algunos en extremo controvertidos, como el del nombramiento del coronel sirio Ibrahim Al Ibrahim en la asesoría especial de la Aduana de Ezeiza; una medida que, debido a las graves consecuencias que traerá, bien cabe relatar en capítulo aparte. Hace declaraciones en cuanta oportunidad se le presenta y expone pareceres políticos que a menudo se contraponen con los que signan los pasos de Menem: reprueba tímidamente aspectos del plan económico, hace hincapié en la necesidad de dirigir la atención hacia los sectores más desprotegidos y crea, desde el Senado de la Nación, la Comisión para la Recuperación Etica de la Sociedad y el Estado. Pero el cuerpo, del que forman parte, entre otros, Fernando De la Rúa, Gustavo Beliz, Ricardo Levene (h), Raúl Matera, René Favaloro y el obispo Emilio Ogñeñovich, se reunirá solamente una vez y su existencia habrá de quedar en el olvido.

Desde luego, no son pronunciamientos que interfieran en la gran política elucubrada por su jefe, pero dejan entrever una definida inclinación hacia el protagonismo. Duhalde aparece como un vicepresidente lleno de vitalidad y energía, que abriga un proyecto propio y a mediano plazo. Lejos está de asemejarse a su antecesor en el cargo, Víctor Martínez, el compañero de Alfonsín que parecía víctima de un irremisible desgano.

Es que desde su asunción se ha propuesto dejar en claro que está con Menem pero que de modo alguno se prestará a ser absorbido por el menemismo, esa inédita combinación de política y farándula que, por entonces suele confesarles a sus amigos, le provoca un hondo rechazo. Supone, acertadamente, que cuenta con el peso y poder políticos suficientes como para moverse de manera autónoma e independiente dentro de ese océano de rivalidades, ambiciones y golpes rastreros que es el nuevo gobierno. La Liga Federal ha logrado adquirir no sólo rasgos que la distinguen de las otras corrientes internas del peronismo —capacidad de movilización, posiciones muchas veces críticas a la política interna del partido y, en particular, una sagaz ubicuidad ante el fenómeno menemista—, también atrae la simpatía de los dirigentes de los distritos más poderosos del conurbano bonaerense, aquellos reductos herministas por cuyo respaldo Cafiero habría pagado: Florencio Varela, La Matanza, Quilmes, Esteban Echeverría.

Nada de menemismo. Lo dirá Duhalde decenas de veces. *"No soy menemista, soy peronista."* ¿Qué otro miembro del gobierno era capaz de tornar público un desplante de esa naturaleza? Y hasta formulará, en ese tiempo, poco después de haber asumido la vicepresidencia, una extraña apreciación acerca de su ideario político: *"Soy de centroizquierda"*. Sólo esa frase. Sin mayores explicaciones.

El empecinamiento de Duhalde por establecer un claro límite entre el menemismo y su proyecto personal se hará notorio a mediados de 1990: mientras los hombres del Presidente realizan una reunión cumbre en Mar del Plata con el objetivo de refundar el peronismo ("porque las doctrinas que no evolucionan envejecen y tarde o temprano terminan desapareciendo"), Duhalde, a muchos kilómetros de distancia, en Lanús, flanqueado por Fernando Galmarini —director del Consejo Nacional del Deporte— y Alberto Pierri, lleva a cabo el relanzamiento de su propia corriente, la "Liga Federal". Un acto multitudinario donde Duhalde subraya una de las principales ideas que lo enlazan al Presidente: *"Nosotros tampoco creemos en los partidos políticos"*.

"Nosotros..." ¿Quiénes son *nosotros*? ¿Qué quiso implicar Duhalde con ese término? Esas son las preguntas que un Menem contrariado se formula días más tarde, durante una informal reunión con su secretario Ramón Hernández y Julio Mera Figueroa, ministro del Interior, en la residencia de Olivos. Casi con resignación, Menem le dice a Mera:

—Ya te lo había dicho, Julio. Duhalde es un hombre decente pero tiene su proyecto, tiene su gente, tiene sus votos. Y en este gobierno, la gente y los votos tienen que ser solamente míos.

Pero nada le recriminará a su vicepresidente.

Duhalde no habla por hablar. Son dichos y actitudes de cuya inmediata difusión se ocupa con el solo propósito de observar las reacciones que causan en la sociedad: en su despacho del Senado ha instalado un fax cuya única función es hacerle llegar prontamente las encuestas de opinión sobre su imagen que, cada quince, veinte días, le encomienda realizar al equipo que lidera Luis Verdi, uno de sus secretarios privados. Como Cafiero en 1987, recién se ha sentado en el nuevo despacho y ya piensa en el poder futuro, en su caso la gobernación de la provincia.

Entretanto, algo teme. ¿Qué? Difícil saberlo. En octubre de 1984 habían colocado una bomba en su coche, estacionado en la puerta de su casa, en Monseñor Piaggio 488, Lomas de Zamora. Los medios de comunicación atribuyeron el atentado a los hombres de Herminio Iglesias; los agentes de la SIDE, en cambio, supusieron que no había sido otra cosa que un mensaje de Agustín Vara, o el Largo Vara, un narcotraficante de la zona sur que le habría hecho llegar dinero para la campaña y que ahora se sentía traicionado. No aparecieron pruebas. Se dice que Vara solía parrandear con Bujía.

Pero lo cierto es que el vicepresidente le teme a algo que no puede o no debe o no quiere revelar. Habla con Menem y le solicita una custodia especial. El Presidente accede y en marzo de 1990 nace uno de los tantos decretos de la era menemista, el DP-204/90: Duhalde comienza a contar con una custodia compuesta por sesenta agentes de la Policía Federal. El Parlamento se hace cargo de los gastos: cincuenta mil dólares por mes destinados a la protección del vicepresidente y su familia.

A lo largo de 1990 Duhalde tendrá dos gestos cuyas verdaderas razones habrán de pasar inadvertidas para los medios de comunicación.

En el verano de aquel año, invitados por el presidente Andrés Rodríguez, Menem y Duhalde viajan al Paraguay. Se hospedan en el lujoso Hotel Excelsior, de Asunción. Pocos minutos antes de partir hacia la cena que Rodríguez ofrecería a la comitiva oficial argentina, Duhalde recibió un llamado telefónico en su suite: Norberto Imbelloni necesitaba hablar con el vicepresidente. Duhalde lo citó a las once de la noche en el hotel.

(Imbelloni, ex diputado nacional por el herminismo, no se encontraba en Asunción por cuestiones turísticas. Era un simple prófugo de la Justicia argentina, que lo había procesado por el asesinato de Raúl Cuervo, guardaespaldas del Sindicato del Plástico, ocurrido en 1974. Pero el Beto no permaneció en Buenos Aires para escuchar la sentencia; en pleno proceso, durante el gobierno de Alfonsín, había preferido buscar exilio en el Paraguay y dedicarse a regentear una rotisería, especializada en pizzas y empanadas, en la esquina de la avenida Brasilia y Coronel Gauto, en el centro de la capital paraguaya.)

Son las once menos diez, el agasajo oficial aún no ha terminado pero Duhalde, de todas maneras, alega sentirse sumamente agotado y haciendo a un lado todo protocolo se marcha de la residencia de Rodríguez y se encamina a una cita que ni al propio Menem ha revelado. Imbelloni es puntual. Se abrazan. Un empleado del hotel les sugiere ocupar una mesa reservada en el salón VIP. Pero ellos rechazan el ofrecimiento y solicitan que les lleven una botella de champán a la suite. Durante dos horas toman y charlan animadamente. Imbelloni está triste y afligido; dice que los jueces del alfonsinismo le tendieron una trampa siniestra. Se siente un exiliado político. Quiere regresar. Ahora hay un gobierno peronista, dice. Duhalde lo alienta, lo consuela, le promete mediar ante la Justicia para resolver su situación y le ofrece, hasta que pase la tempestad, sostén económico y jurídico para la familia y un empleo para el hijo del Beto en la municipalidad de Lomas de Zamora: administrador de las grúas de la comuna. Desde luego, hablan acerca de Herminio Iglesias, y Duhalde formula otra promesa: *"Mientras yo esté en el Partido, ese tipo no volverá. Nunca le voy a perdonar el pacto que hizo con Nosiglia".*

¿Qué mueve a Duhalde a reunirse furtivamente con Imbelloni? Después de todo, el Beto ha sido un inquebrantable herminista que en tiempos de internas se había alineado sistemáticamente en las filas

117

adversarias. Por lo demás, no parece decoroso que un vicepresidente de la Nación se entreviste secretamente con un prófugo y le ofrezca intermediar frente a la Justicia argentina para solucionarle los problemas. Pero los favores que Duhalde le debe a Bujía son infinitos, y ya se ha dicho en las primeras páginas de este libro que la relación entre Bujía e Imbelloni se remonta a mayo de 1966, cuando ambos formaron parte de la banda de matones de Vandor que asesinó a los dirigentes Rosendo García, Domingo Blajaquis y Juan Zalazar en el bar y pizzería La Real, en Avellaneda. ¿Quiénes fueron los autores del triple asesinato? La sólida relación que había entre Imbelloni y Bujía estaba fundada en el conocimiento de ese secreto. Un vínculo de tal magnitud no puede resquebrajarse debido a diferencias políticas.

El segundo episodio que pondrá al descubierto parte de la inextricable carga de compromisos que Duhalde lleva a cuestas, y que una vez acomodado en la Casa Rosada debe satisfacer, sucederá en la última semana de octubre de 1990.

Menem, una vez más, se encuentra en el extranjero: una gira por Europa con el propósito de atraer capitales para la privatización de algunas empresas del Estado argentino. Duhalde, por tanto, vuelve a ocupar el centro de la escena política y a concitar la atención de la prensa. Y sorprende a todos firmando como presidente interino un decreto mediante el cual concede el beneficio del indulto a dos personas cuyos nombres, a primera vista, nada dicen: Luis Sffaeir y María Elena Nin Saráchaga, condenados en 1976 por haber sido los instigadores del asesinato, en 1975, del presidente del Concejo Deliberante de Chacabuco, Miguel Máximo Gil. La medida deja pasmados a todos los juristas del país, no por razones éticas, sino porque Sffaeir y Saráchaga están prófugos desde 1976.

A los habitantes de Chacabuco se les ha antojado inaudito el decreto y han colmado las calles de la ciudad clamando por algo de cordura. ¿Para qué armar tanto alboroto indultando a dos prófugos?

La argumentación de Duhalde estará fundada en una lógica muy particular: Sffaeir y Saráchaga, dirá, pertenecían a la banda de delincuentes que en 1975 lideraba Juan Domingo López, y López ha sido indultado por el presidente Menem en diciembre de 1989. ¿Por qué, entonces, privar a estos dos ciudadanos de la misma gracia que ya ha recibido el jefe del grupo?

Para conocer los auténticos motivos que llevan al vicepresidente a aventurarse en un decreto de esas características —con el costo político que trae consigo—, es menester remontarse en el tiempo e instalarse en el año 1975:

En aquella época Juan Domingo López era un dirigente peronista de Lomas de Zamora que, según los ojos que lo miraran, no gozaba de muy buena reputación: entre 1971 y 1973 había estado preso por balear a otro dirigente peronista de Lomas, Guillermo Ambrosio. Sin embargo, luego de la asunción de Victorio Calabró como gobernador de la provincia en mayo de 1974, y gracias a la mediación de su amigo y vecino Eduardo Duhalde, López consiguió emplearse como asesor en el bloque de senadores justicialistas de la Legislatura de la provincia de Buenos Aires. Allí conoció a Luis Antonio Sffaeir, secretario del Bloque, y al Negro Bujía, matón de Calabró.

Los trabajos administrativos le causaban a López un indescriptible malestar, razón por la cual un día resuelve abandonar el papelerío y retomar el oficio que más conoce. El momento político, además, lo estimula: la violencia impera por todas partes; los secuestros, los asesinatos y los robos al estilo comando se han convertido en rutina. A partir de sus contactos con Bujía y Sffaeir, en pocas semanas López forma una poderosa banda con una serie de matones procedentes del sindicalismo y del justicialismo bonaerense. Bujía le acerca a los hombres: Luis Oscar Mao, Sergio María Ibáñez, Miguel Trerotola, Omar Bustos y Pablo Márquez. Sffaeir, en tanto, lo relaciona con un vecino y conocido suyo, un prestamista de Lomas de Zamora que bien puede proporcionarle unos pesos para los primeros gastos: Hugo Toledo, el Negro.

La banda comienza a actuar rápidamente. Secuestran a los empresarios Martín Kleiman y Víctor Marangoni, a cambio de cuyas liberaciones obtienen más de ochocientos mil dólares. López no quiere inmiscuirse en asuntos políticos. Una y otra vez le ofrecen deshacerse de algún dirigente molesto. Pero él se niega. Hasta donde puede. Porque Sffaeir y su amante Saráchaga, a la sazón ideólogos de la banda, tienen un nombre en puerta, un dirigente de Chacabuco que ya los tiene hartos: Miguel Máximo Gil, presidente del Concejo Deliberante de esa ciudad. Es necesario eliminarlo, le dicen; pertenece a los Montoneros, arguyen. Finalmente, López y sus hombres acribillan a Gil en el invierno de 1975.

En 1976 la banda será desarticulada y su jefe condenado a cadena perpetua.

En 1989, López, Ibáñez, Mao y otros 61 civiles condenados por distintos delitos políticos en los años setenta, serán indultados por el presidente Menem.

¿Por qué, entonces, no indultar a Sffaeir, y su amante Saráchaga?, se pregunta Duhalde en esa mañana de octubre de 1990. Al fin de cuentas son dos peronistas que quizá se han equivocado en algún momento de sus vidas. Y allí están Bujía y Toledo para recordarle que en el ejercicio de la política siempre debe haber espacio para la misericordia.

¿Por qué no firmar ese papel y olvidar el asunto?

Y lo hace. No sin haberlo conversado antes con el Presidente. Ya en 1989, luego del indulto a López, Duhalde se lo había rogado. La respuesta de Menem había sido lacónica y cargada de picardía: "Mientras yo no me entere, cuando quieras".

8
El camino de la droga

—¿Y el nombramiento de Ibrahim Al Ibrahim como asesor especial de la Aduana de Ezeiza? ¿Por qué firmó ese decreto?

—*Me quisieron manchar con algo que no tuve nada que ver. Los Yoma esperaron que el presidente Menem se fuera de viaje y convencieron al ministro de Economía, Néstor Rapanelli, diciendo que Al Ibrahim era pariente político del Presidente. Primero firmó Rapanelli, porque el tema correspondía a su área, y después lo hice yo, porque estaba a cargo del Ejecutivo. Pero no leí el decreto.*

—En su testimonio, Ibrahim aseguró que usted era el hombre que más favores le había pedido ¿Qué tipo de favores le pedía?

Da la impresión de haberse irritado. Con la cabeza dice no. Una y otra vez. Que no piensa responder. Y no lo hará.

Corría la primera semana de septiembre de 1989 y Menem se encontraba en Yugoslavia, en la reunión del Movimiento de Países no Alineados.

123

Duhalde, a cargo del Poder Ejecutivo, experimentaba una grata sensación de poder; pero más intensa aún era la que sentían sus secretarios privados. Bujía en particular, porque el Ronco Lence, después de todo, era un hombre adinerado que ya había tenido la oportunidad de frecuentar despachos más suntuosos.

Bujía, por sobre todas las cosas Bujía. Es que cuando la victoria de su jefe se hizo oficial e incontestable, había percibido instantáneamente, por segunda vez en su vida, que a la época de los negocios pequeños y enojosos le iba a suceder, nuevamente, la de los trabajos colosales.

A la espera de eso andaba.

Su intuición se convirtió en grata revelación una semana más tarde, cuando se abrió la puerta del despacho de su jefe y apareció ese tipo corpulento, de rasgos pedregosos y piel aceitunada que a duras penas, en un español chapurreado, sabía largar un buenas tardes. Duhalde pidió a sus secretarios que se retiraran y a lo largo de media hora se quedó conversando con ese enigmático extranjero a puertas cerradas.

Una vez que el hombre se hubo marchado, el Ronco y el Negro acudieron al escritorio del jefe para saber de quién se trataba. Duhalde les dijo que el tipo se llamaba Ibrahim Al Ibrahim, ex esposo de Amira Yoma, directora de Audiencias de la Presidencia de la Nación; un sirio servil y macanudo que había conocido en los tiempos de campaña, y que ahora, a partir del decreto que tenía sobre el escritorio, entraría en funciones como asesor especial en la Aduana de Ezeiza.

"Vino a darme las gracias."

Luego solicitó a los dos secretarios que recordaran bien aquella cara, porque en más de una oportunidad iban a tener que verlo en Ezeiza para retirar encomiendas y recibir pasajeros que el gentil Ibrahim haría pasar sin inspección previa. El Ronco y el Negro comprendieron de inmediato.

Bujía fue asaltado por la soberbia. ¿Cuántos años habían transcurrido desde el tiroteo en La Real? No más de veinticinco. Y tan sólo doce desde que había tenido el buen tino de acercarse a Duhalde, su protector y protegido. Ese sí que era un buen acuerdo: proteger y simultáneamente ser protegido. Estaba orgulloso del destino que le había tocado en suerte a su jefe, porque al fin de cuentas también era el suyo. Incluso se le ofreció un puesto oficial dentro de la estructura, como concejal en Lomas de Zamora, que él había rechazado para mantenerse cerca de su jefe. Y ahora ese tal Ibrahim les abriría las puertas de Ezeiza, nada menos. Que el tipo conociera del español un puñado de preposiciones y dos verbos en infinitivo le resultó providencial: habría pocas preguntas. Un par de señas y listo. Negocios enormes, por fin. Bujía se había cansado de andar de aquí para allá en ese Chevy rojo y destartalado. Gastar las horas armando actos, reuniendo público, y, en el medio, hacer miles de kilómetros hasta Yacuiba, en Bolivia; de allí a Salvador Mazza, en Salta. Continuamente el mismo trayecto, los mismos paquetes y las mismas argucias: "Llevo unas cajas de cigarrillos importados y perfumes franceses para el doctor Duhalde y su familia". Nadie podría acusarlo jamás de haber abierto siquiera una sola para comprobar el contenido. Al menos eso es lo que él decía. Cigarrillos y perfumes. Ni más ni menos. Verlo al jefe contento era lo importante.

De Salta lo que más le gustaba era la finca San Alejo, de los Romero. El jefe solía mandarlo allí a entregar paquetes y regresar con otros, enormes a menudo. Los buenos viejos tiempos, es cierto, pero ya no estaba para esos trotes. Con ese tipo en Ezeiza, en cambio... El hombre indicado en el momento y lugar indicado. Especialmente después del revuelo que se había armado a partir de 1984 con las denuncias que había hecho un tal Anthony Henman en su libro *Mamá Coca*. ¿Cómo se había enterado ese periodista norteamericano de que en los campos de los Romero y de los Cornejo Linares había pistas clandestinas de aterrizaje para las avionetas que llegaban de Santa Cruz de la Sierra? El diario *El Tribuno*, de los Romero, tuvo que salir al cruce de las supuestas revelaciones, con una primera plana a página entera. Algo parecido había ocurrido en Lomas de Zamora en la misma época, 1984, acaso 1985. El negocio funcionaba, el jefe estaba conforme, hasta que la policía de la provincia, advertida por los soplones de la Secretaría de Inteligencia del Estado, resolvió que lo más sensato era controlarse y trabajar al menudeo: los de la SIDE habían descubierto que a partir de diciembre de 1983 el tráfico de drogas en toda la zona sur del conurbano se había triplicado. Bujía era competente, y el jefe lo sabía. Al diablo entonces Lomas, y los boliches de Lanús y Banfield. Qué importaba todo eso ahora, si del cielo había caído ese tipo Ibrahim para abrirle las puertas del aeropuerto internacional de Ezeiza.

El Negro Bujía estaba contento.

El narcotráfico le quita el sueño a Duhalde. Es una preocupación de larga data: ya en 1981 publicó un libro acerca del tema, *Los políticos y la droga*, en el que lamentaba el desdén de los dirigentes hacia el combate de tamaña plaga. A partir de 1983, desde su asunción como intendente de Lomas de Zamora, se perfiló como el dirigente político más activo en el combate contra aquello que define como "flagelo mundial". A contadas cuadras de su hogar, creó la Fundación Pueblo de la Paz, destinada a socorrer a los jóvenes adictos. En más de una ocasión hizo hincapié en la necesidad de instituir la pena de muerte para todos aquellos individuos que han hecho del comercio de la droga un modo de vida. En escuelas, sociedades de fomento, clubes y universidades de todo el país ha ofrecido encendidas conferencias con el objetivo de advertir a la juventud acerca de los tremendos e irreparables males que genera el uso de drogas.

Duhalde se siente solo en esta cruzada. Dice:

—*Los dirigentes que realmente quieran luchar contra el narcotráfico, y no los que lo hacen por sensacionalismo, debemos apoyar a quienes están en esa pelea, porque es muy dura.*

Desde la vicepresidencia, su desvelo habría de adquirir una nueva dimensión. En los primeros dos meses realizará tres viajes al extranjero para coordinar con las autoridades de otros países un plan de lucha internacional contra el narcotráfico: en los Estados Unidos dialogará sobre el tema con su colega Dan Quayle; en Lima, Perú, será uno de los principales expositores en el Foro Internacional de Prensa sobre Terrorismo y Tráfico de Drogas; de allí partirá hacia Venezuela, donde dialogará con el presidente Carlos Andrés Pérez; luego, se trasladará a Colombia para entregar, en nombre del gobierno argentino, tres aviones Pucará para la lucha contra los cárteles de Cali y Medellín. Ya de regreso en nuestro país, insistirá en la creación de una secretaría que coordine los esfuerzos en dicha cruzada y pedirá la intervención de los militares en ella.

Es por ello sugestivo que, en tanto a los cuatro vientos clama por la puesta en marcha de un verda-

dero aparato de persecución y castigo a los narcotraficantes, mientras dicta conferencias y escribe
artículos sobre el tema, haya designado en la Aduana, mediante el decreto 682, a un coronel sirio con
escasos conocimientos no sólo del idioma español
sino también de los bemoles del control aduanero.
Es doblemente sugestivo si se tiene en cuenta que,
en ese lapso, los favores que le solicitará a Ibrahim
serán muchos; Bujía y Lence, visitarán al sirio por lo
menos seis veces en cuatro meses; a hurtadillas, a
salvo de cualquier control aduanero, retirarán valijas y paquetes que de inmediato le harán llegar a su
jefe; recibirán misteriosos pasajeros que el sirio, a
esa altura diplomado en el arte del ademán, hará ingresar al país a través de puertas oficiales despro-
vistas de inspección alguna; Bujía y Lence podrán
trepar a un avión y regresar al país como dos diplo-
máticos de veras, con valijas y bultos a cuestas que
Ibrahim observará apenas de soslayo; Bujía y Lence,
desde el Hotel-Casino Sasso, de Mar del Plata, propiedad del Ronco Lence y Duhalde, llamarán al coronel sirio en tres oportunidades y le pedirán que
reciba a unos amigos del vicepresidente que llegan
desde los Estados Unidos. Todo eso, claro está, sin
tener que dar explicaciones de ningún tipo. Alberto
Pierri, presidente de la Cámara de Diputados de la
Nación, convertido ahora en inseparable compinche
de Duhalde, también llamará al coronel sirio y le solicitará mil favores. E Ibrahim, afable y diligente, a
todos sonreirá y mirará hacia otra parte y sellará
pasaportes y dirá, siempre dirá: "Muchos gracios-
...yo tener ojo...y entonces, yo mira. Mira radio, mira
bultos...".
    Pero el festín en la Aduana habrá de durar poco
tiempo. No serán las fuerzas de seguridad argentinas
ni los organismos pertinentes los que dirán basta a
semejante desbarajuste aduanero. Será una revista

española, *Cambio 16*, en marzo de 1991, la que pondrá al descubierto el sutil mecanismo del lavado de narcodólares que, desde la asunción del coronel sirio en la Aduana de Ezeiza, habría sido llevado a cabo por un triunvirato de notables: Ibrahim, Amira y Mario Caserta, director de Agua Potable y fiel amigo de Duhalde. El pánico se apoderará de la familia presidencial y, desde luego, de Duhalde y sus hombres. Zulema Yoma estimará conveniente eludir el uso de cualquier elipsis: "Si quieren saber sobre drogas, pregúntenle a Menem o a Duhalde". Amira renunciará. Caserta será detenido y procesado por el delito. Duhalde argüirá que jamás ha visto a Ibrahim y el sirio solicitará a la Justicia que se cite a declarar al Ronco Lence y a Bujía, que no concurrirán al juzgado: Lence, porque a la jueza Servini de Cubría se le antojará un despropósito hacerle perder el tiempo a un empresario tan atareado; y Bujía, el infortunado Bujía, porque ha muerto de manera inesperada: el 16 de marzo de 1991 (diez días después de haberse tornado público el Narcogate), embestido por una camioneta mientras él avanzaba a contramano a bordo de una moto por la mismísima calle donde se alza la intendencia de Lomas de Zamora.

Sin embargo, presa de íntimos temores, Duhalde tomará el teléfono y llamará al juez español Baltazar Garzón, a cargo de la investigación, y esgrimiendo excusas inverosímiles procurará conocer su situación en el expediente. Fastidiado ya de las intromisiones de los políticos argentinos, el juez sólo replicará:

—Duhalde, yo sé qué clase de hombre es usted.

Y cortará la comunicación. Lleno de angustia, el vicepresidente de los argentinos imaginará que sobre el escritorio de Garzón descansa ese fantasmagórico dossier que la DEA (Drug Enforcement Administration) habría preparado acerca de sus presuntas vinculaciones con el narcotráfico.

En noviembre de 1992 aflorará un narcotraficante arrepentido: Mario Noguera Vega. Se instalará en Río de Janeiro, Brasil, y desde allí, a través de una larga declaración realizada ante el juez Gerson Silveira Arraes, le hará llegar al farmacéutico Alberto Lestelle, secretario de Prevención de la Drogadicción y Lucha contra el Narcotráfico del gobierno argentino, una serie de mensajes, algunos claros y abiertos, otros cifrados: Lestelle le paga, lo protege, lo recibe y hace cosas que él, el arrepentido, sólo se atreve a referir en parte. ¿Pero qué diablos hace Lestelle? Noguera Vega le dice al juez: "(...) Alberto Lestelle es conocido como comprometido con la corrupción y el narcotráfico, siendo *persona non grata* de las Fuerzas Armadas del país". Luego decide guardar silencio. Teme que lo maten; asegura que tres agentes argentinos se han desplazado al Brasil para vigilar sus movimientos. Le ruega al juez que lo dejen hablar con James Miller, jefe de la estación argentina de la DEA. Miller no acude porque no quiere o, quizá, porque el juez no le ha transmitido el mensaje de Noguera Vega. El arrepentido pide entonces hablar con Bob Wise, jefe de la DEA para América Latina, un congresista que ha supervisado las operaciones de las fuerzas especiales de los Estados Unidos en Perú y, por lo demás, ha organizado los llamados Servicios Estratégicos Especiales (SEE), entidad de inteligencia que, con la cobertura de la lucha contra el narcotráfico, se entrega licenciosamente a la faena de acopiar información sobre rasgos políticos e ideológicos de personas, entidades y empresas en distintos países latinoamericanos. Wise también se ha relacionado con todos los organismos gubernamentales del continente que combaten el tráfico de drogas y, donde no los había, ha propiciado su creación.

Ante la falta de respuesta de Wise, el arrepentido idea un último recurso: gracias a los servicios de un funcionario del juzgado, remite a un periodista independiente, colaborador del diario *O Globo*, un breve y enredado informe escrito a máquina en el que añade más datos, ahora referidos a la provincia de Buenos Aires. "Por favor", escribe en hoja aparte, de su puño y letra, "es fundamental para mi vida que esta información llegue a los señores Bob Wise o James Miller". Nunca se sabrá si Wise o Miller han tenido entre sus manos ese papel que, entre otras cosas, dice:

Lestelle arregló con algunos hombres de la DEA, que Usted seguro conoce, los porcentajes de distribución de la droga que se incauta en Argentina y, sobre todo, en la provincia de Buenos Aires, donde existe un cártel controlado por la policía, cuya cabeza más importante es el comisario Antonio Rebollo, contacto del ex juez Alberto Piotti.

Cada vez que la policía bonaerense incauta un cargamento de cocaína, da a publicidad que se incautó una cantidad diez veces menor. El resto se envía a España. Le doy nada más que tres ejemplos, pero hay millones: en el operativo que se realizó en octubre de 1986 en Salta (lo hizo la policía de San Martín, de la provincia de Buenos Aires, a las órdenes de Piotti), en una propiedad de Sergio Duranal Nayar, dijeron que habían incautado 70 kilos de cocaína. Pero en realidad fueron 125. En el operativo llamado "Tía María" que encabezó el comisario Rebollo en agosto de 1989, en Beccar, el comisario dijo que había incautado 50 kilos de cocaína pura pero en realidad fueron 110. En el operativo llamado "Flamenco", la policía bonaerense dijo que habían incautado 283 kilos. Es verdad, pero cuando la quemaron, la mitad de esos 283 kilos era ácido bórico. Puede Usted ver la noticia en algún archivo, y en la foto Usted verá al gobernador Duhalde, Piotti y Lestelle.

Lestelle tiene una función muy definida: a los narcos de Santa Cruz de la Sierra les entrega acetona y las demás sustancias químicas que se necesitan para transformar las hojas de coca en pasta base y luego en clorohidrato de cocaína. Hasta hace poco, los que se encargaban de los "mandados" de Lestelle eran dos prefectos del servicio de inteligencia de la Prefectura Naval, Raúl Mandrile y Esteban Marrone. Ellos siempre lo acompañan en sus viajes al exterior.

Duhalde no vaciló siquiera un minuto en salir a la caza de micrófonos y cámaras para defender a su amigo Lestelle: *"Esto no es más que una campaña orquestada por los narcotraficantes para ensuciar el honor de un hombre que lucha denodadamente contra la mafia de la droga"*.

Sus palabras no bastaron para evitar la investigación que de inmediato inició el juez federal Martín Irurzun. Las denuncias públicas formuladas por Noguera Vega —no así las que contenía el escrito mencionado, pues nunca jamás llegó a manos de la Justicia argentina—, derivaron también en la investigación del patrimonio de Lestelle. El juez ordenó una serie de allanamientos que, al parecer, conducían a alguna pista que el gobierno argentino consideraba mejor mantener en secreto, porque Irurzun, debido a las presiones del poder político (que amenazó con promoverle un juicio político), resolvió abandonar el juzgado y por tanto la causa. De la noche a la mañana, el expediente pasó a manos del juez Norberto Oyharbide, que el 22 de junio de 1995 —tras haber dispuesto en el lapso de tres años unas contadas y vagas diligencias— dictaría el sobreseimiento definitivo de Lestelle.

De Noguera Vega sólo perdura el recuerdo de aquellas escandalosas primeras planas en los periódicos argentinos y brasileños, en la primavera de 1992. Es necesario aclarar, sin embargo, que en el escrito que Noguera Vega remitió al colaborador de *O Globo* se pueden observar algunos aciertos y muchos errores, aunque de poca monta.

Rebollo, en realidad, es comisario inspector y su nombre es Juan Carlos, no Antonio. Es un hombre menudo, de pelo cortado al rape y gruesos bigotes. Todos sus movimientos son enérgicos, cargados de gran impetuosidad. Es capaz de hablar durante diez minutos sin pestañear siquiera una vez. Sus ojos parecen continuamente afiebrados. Con anterioridad a cada uno de los incontables allanamientos que lleva a cabo mensualmente —búsqueda de drogas, siempre—, tiene por hábito notificar sus pasos a la gente del noticiero del canal 9. Así es como puede vérselo ante las cámaras, irritado, abriendo puertas a patadas al tiempo que clama: "¡Paso, paso! ¡Aquí estamos los de azul!".

Por pedido expreso del gobernador Duhalde, ahora ocupa la jefatura del Cuerpo de Seguridad Islas, en el Tigre, una zona que los hombres de la DEA consideran de capital importancia en el tráfico de drogas que se realiza por vía fluvial.

La vida policíaca de Rebollo está repleta de contradicciones y hechos que excitan la curiosidad:

Durante tres años cumplió funciones en la Dirección de Toxicomanía de la Policía de la Provincia de Buenos Aires, en Ramos Mejía. En 1987, el entonces subsecretario de Seguridad de la provincia, Orlando Caporal, le inició un sumario. Tenía serias sospechas acerca de la colaboración de Rebollo con el narcotráfico. Sin embargo, y tal como sucede a menudo con innumerables funcionarios policiales que se ven envueltos en delitos o irregularidades de cualquier naturaleza, el sumario se resolvió en un traslado, como oficial a cargo de la comisaría 5ª de Beccar.

Quiso el destino que Rebollo, a partir de sus actividades en la zona, trabara relación con el juez federal de San Isidro, Alberto Piotti, y con el doctor Jorge César Quadro, secretario del Juzgado Criminal y Correccional número 3 de San Isidro, profesor de Derecho en la Universidad del Salvador y cabecilla de un grupo parapolicial que se ocultaba detrás de un nombre enmarañado: Liga Católica Argentina Pro Campaña Latinoamericana de Ayuda al Drogadependiente. O sencillamente PROLATIN. Dicha organización estaba formada por oficiales y suboficiales activos de las fuerzas armadas y de la policía de la provincia que, en sus ratos libres, por las noches, se despojaban de los uniformes y realizaban allanamientos ilegales en discotecas, kioscos y hogares de la zona norte del conurbano, vestidos de civil y ostentando en su pecho el distintivo de PROLATIN.

Rebollo no tardó en incorporarse a la estructura. Porque PROLATIN, más allá de las palabras y sus presuntos nobles objetivos, no era más que una afanosa banda de pequeños y medianos narcotraficantes que tenía como "asesor espiritual" al cura Luis Moisés Jardín, ex capellán de la Armada, confesor del coronel Mohamed Alí Seineldín y participante en el levantamiento carapintada de diciembre de 1990 (motivo por el cual fue detenido y procesado).

Comandados por Rebollo, y con la anuencia, complicidad y en ocasiones presencia del juez Piotti —"siempre actuamos autorizados por él", declaró oportunamente Quadro, y jamás fue desmentido—, entre el invierno de 1988 y el verano de 1990 los hombres de PROLATIN realizaron decenas de allanamientos ilegales. La excusa usada continuamente era la búsqueda de drogas. El propósito era otro: eliminar de la zona a los vendedores de cocaína al menudeo que entorpecían los negocios de la singular liga católica de lucha contra la drogadependencia. Al decir de un ex ministro de la provincia de Buenos Aires que a lo largo de años ha estudiado el tema, los narcotraficantes recurren habitualmente a la fachada de una fundación para ocultar sus verdaderas actividades y de tal modo tornar más inverosímil cualquier acusación o denuncia que se les pudiera formular.

Uno de los primeros operativos efectuados conjuntamente por la Liga, Rebollo y el juez Piott, consistió en el allanamiento de la disctoteca Stylo, situada en Boulogne, a metros de la estación del ferrocarril, en octubre de 1988. El segundo, y más ruidoso por cierto, se llevó a cabo el 20 de noviembre del mismo año en la discoteca Látex, de San Miguel. Rebollo no pudo intervenir (el lugar se encontraba fuera de su jurisdicción; su rol recayó en esa oportunidad en el subcomisario Alfredo Azcárate, de la Unidad Regional de San Miguel). Durante varias noches, los agentes de PROLATIN habían concurrido al local hasta ganarse la confianza de algunos jóvenes que frecuentaban la discoteca. Así supieron que la droga que allí circulaba era provista por hombres ajenos a la Liga. En la madrugada del domingo 20 de noviembre de 1988, cuando el grupo musical Los Violadores estaba a poco de entrar en escena, alrededor de diez personas ataviadas con ropas de civil, blandiendo armas cortas y a los gritos, irrumpieron en Látex. Aporrearon a los jóvenes, lanzaron puntapiés a ciegas y sembraron el piso con ravioles de cocaína. En sus pechos llevaban un rectángulo de cartón con la inscripción PROLATIN escrita en letras rojas.

Tras el grupo de civiles llegó la policía, al mando de Azcárate. Pisándole los talones los seguía el juez Piotti. Detuvieron a 353 personas y clausuraron el local.

Los agitados días de la Liga PROLATIN finalizaron de manera abrupta en diciembre de 1990. La actuación del cura Jardín en el levantamiento carapintada de entonces —acompañó al célebre grupo Albatros en la toma del edificio de la Prefectura Naval— ocasionó el inmediato desmenuzamiento del grupo parapolicial. No obstante, sus miembros, simpatizantes y tutores continúan por ahí.

Piotti fue designado secretario de Seguridad del gobierno de la provincia en marzo de 1994, y, días después de haber asumido, aseguró que solamente iba a lograr dormir tranquilo cuando aplastara al último de los cientos de pequeños, medianos y grandes narcotraficantes que plagan Buenos Aires.

A Rebollo, se ha dicho, le ha tocado en suerte controlar los sinuosos ríos del Delta, donde la droga navega a raudales. Sin embargo no es fácil hallarlo en su oficina. Acostumbra gastar las horas en La Plata. Para ubicarlo, lo más aconsejable es telefonear al despacho del gobernador Duhalde, adonde el comisario inspector concurre con frecuencia para enterarlo de las novedades; o, sugerencia tal vez más acertada, dirigirse sin vueltas a las oficinas de Piotti, donde los dos viejos amigos se encierran con mayor frecuencia aún.

Si la designación de Piotti y el regreso de Rebollo suenan a extravagancia, más singular parece el camino recorrido por Orlando Caporal, el funcionario que oportunamente sumarió a Rebollo por considerarlo ligado al narcotráfico: rabioso cafierista, luego de permanecer años fuera de escena, Caporal ha sido nombrado por Duhalde en el cargo de secretario general de la Gobernación; una de sus principales tareas estriba en la selección de los pliegos para la designación de jueces. En los últimos meses de 1995 el poderío de Caporal creció de modo inesperado: el gobernador le confió además la dirección del Instituto Provincial de Medio Ambiente, un organismo que en los próximos años deberá administrar no menos de ocho mil millones de pesos, provenientes de créditos que Duhalde está gestionando en el extranjero, para llevar a cabo obras de saneamiento ambiental.

Pero la extrañeza no finaliza allí. En 1967, cuando se desempeñaba como secretario del juzgado en lo Penal Nº 1 de Azul, Caporal fue exonerado de la Justicia por incumplimiento de los deberes de funcionario. En 1970, en el juzgado Nº 2 de esa ciudad, el juez Alberto Pujou lo procesó por "vaciamiento de empresa" en perjuicio de la firma De la Vega Hnos., de Olavarría, que actualmente opera con inmobiliarias y transportes de carga en general. En esa oportunidad, Caporal fue detenido por la policía y luego inhabilitado para ejercer la profesión de abogado en el departamento judicial de Azul. Un amigo suyo, Juan Carlos Pratte, logró huir al Brasil. En los últimos años, gracias a su amistad con el duhaldista Horacio Daniel Piombo, presidente de la Sala Segunda de la Cámara III de Apelación en lo Criminal y Correccional de La Plata, ha logrado anular la prohibición que pesaba sobre él. Es posible colegir que en más de una ocasión Caporal debe de chocarse en los pasillos de la gobernación con Rebollo, aquel policía que, hace tiempo ya, reputaba indigno de portar un arma y exhibir una placa.

9
El Hombre Corcho

Primero fue una ola, débil, a la que no le prestó importancia. Cierto es que el bote temblequeó como una hoja, pero Duhalde continuó ensimismado en la pesca sin perder la compostura; hasta intercambió un par de bromas con su amigo Julio Carpinetti acerca de esa fama de traicionero que le han hecho al mar. Pero, cuando percibió que el oleaje comenzaba a sacudir el bote de goma con una intensidad creciente, cerró la boca, mandó al diablo la caña que tenía en la mano derecha y se aferró a uno de los bordes. Desencajado, casi sin aliento, murmuró: "*Estamos jodidos, Julio*".

Todo sucedió con la rapidez de un pestañeo: la oleada les dio de lleno y el bote se fue a pique. Carpinetti alcanzó a manotear un bidón vacío y, como correspondía, se lo lanzó a Duhalde, que sin perder tiempo se abrazó al improvisado flotador. Cuando llegaron a la costa de Pinamar, luego de haber nadado como pudieron los quinientos metros que los separaban de la playa, parecían cualquier cosa menos el vicepresidente de la Nación y el intendente de Florencio Varela. Estaban demacrados y temblorosos, cosa que a Graciela Giannettasio, que había observado el naufragio desde la playa, no le infundió una pizca de compasión. Fuera de sí, golpeándose los muslos con los puños, se puso a gritar: "¡Son dos irresponsables. Se podían haber ahogado!".

—*¿Ahogarme yo?* —murmuró Duhalde, que ya había recobrado el color y con una toalla se fregaba el cuerpo—. *No, Graciela. ¿Cómo se te ocurre que un futuro presidente se pueda matar de manera tan estúpida?*

No obstante el susto, a la barra de Lomas de Zamora el accidente le sirvió de excusa para reunirse, después de mucho tiempo, en la quinta Don Tomás. No sólo celebraron la buena fortuna de Duhalde, sino la de todos. Los tiempos habían cambiado. Era posible advertirlo en los atuendos y en las caras. Todas rozagantes y satisfechas con los logros alcanzados: Dany Castruccio, secretario de Justicia del ministro León Arslanian; el Negro Toledo, intendente de Lomas de Zamora y vicepresidente del Partido Justicialista de la provincia; el Pelado Mércuri, presidente de la Cámara de Diputados de la provincia; Giannettasio y el Gordo Arcuri, senadores provinciales. Y el Tano Tavano, diputado nacional, preparándose para suceder a Toledo en la administración del municipio.

A los amigos de siempre se les había sumado Julio Carpinetti, un errático dirigente peronista de Florencio Varela que había exhibido una extraordinaria capacidad para fluctuar entre el cafierismo y el duhaldismo. (Hay quienes atribuyen los vaivenes de Carpinetti a su formación actoral: egresado del Conservatorio Provincial de Arte Dramático, en más de una ocasión interpretó algún sainete y hasta ofició de director de obras menores.)

Carpinetti había conocido a Duhalde en los últimos meses de 1983, gracias a la mediación de Graciela Giannettasio, dirigente también de Varela y pareja suya. En las elecciones de octubre de ese año, impulsado por la corriente renovadora que lideraba Carlos Grosso, Carpinetti fue elegido intendente de Florencio Varela. Giannettasio se hizo cargo de la Secretaría de Gobierno del municipio. Al cabo de tres años de una gestión sin mayores sobresaltos, la buena fortuna del intendente comenzó a flaquear; en septiembre de 1986, tras una investigación promovida por concejales de la UCR y del peronismo ortodoxo, fue suspendido por noventa días: la Comisión Investigadora del Concejo Deliberante dictaminó puntillosamente que Carpinetti había empleado irregularmente una partida de 500 dólares que le había entregado la Dirección General de Escuelas para realizar distintas refacciones. No había factura o documento comercial que señalara el destino que el intendente le había dado a ese dinero. Giannettasio, abogada, trabajó con denuedo en la defensa de su hombre; el caso llegó a la Corte Suprema de Justicia de la provincia, que luego de una serie de idas y venidas resolvió otorgarle un carácter cautelar a la suspensión y posteriormente ordenó la destitución del intendente.

Pese a todo, en 1987 Carpinetti fue reelecto, el caso olvidado, y en en ese verano de 1991 la suerte de Florencio Varela continuaba en sus manos.

El romance entre el intendente y Giannettasio estaba a poco de finalizar, algo que los miembros del clan de Lomas lamentaban hondamente. Ocurre que durante los últimos meses la pareja les había brindado sobradas razones para el chisme. No había encuentro en el que, a las carcajadas, no se relatara algún nuevo incidente. Que Carpinetti, a las zancadas y echando humo, se había metido de prepo en el despacho de la mujer, en el honorable Senado de la provincia, y sin decir palabra la había cacheteado delante de la secretaria y un par de legisladores; que Giannettasio, desquiciada por infidelidades que sabía o se figuraba, había ordenado a dos de sus asistentes que treparan el alto muro que circunda la mansión de Carpinetti para vigilar los movimientos de su hombre. Que los dos, luego de una de las habituales bataholas, habían sido sorprendidos en un rincón de la quinta Don Tomás lanzando raros chillidos.

Un asunto sentimental que habría de tener consecuencias políticas impensadas.

A pesar de que 1991 será un año de capital importancia en la vida política de Duhalde, no ha comenzado del todo bien. Primero un tonto accidente en el mar que estuvo a punto de hacerle perder la vida; luego, en marzo, justo en el momento en que había resuelto meterse de lleno en su campaña hacia la gobernación, las denuncias de la revista española *Cambio 16*.

Que involucraran a Amira Yoma en el lavado de narcodólares no le preocupaba en demasía; a fin de cuentas, él nunca toleró a los Yoma. Ya se lo había dicho un año atrás a sus amigos Trezza y Tavano, cuando la familia presidencial fue expulsada de la residencia de Olivos por el brigadier Andrés Antonietti, y Zulema, extraviada por la furia, había echado mano de las decenas de micrófonos que la rodeaban y se sumió en invectivas contra su marido, el gobierno, la política social y otros asuntos que, en realidad, no venían al caso.

—*Es una familia de metidos. Nos van a traer más de un dolor de cabeza.*

Quien lo inquietaba seriamente era Ibrahim, porque él lo había nombrado en la aduana de Ezeiza; por lo demás, sus secretarios Lence y Bujía habían sido vistos en más de una oportunidad solicitando favores al coronel sirio. Y más aún lo inquietaba que entre los sospechosos se encontrara su buen amigo y vecino de Lanús Mario Caserta; con él ha compartido interminables tertulias y comidas, y, en esas oportunidades, hasta le había confiado detalles de su vida privada. Detenido como estaba, abandonado a su buena suerte por la mayor parte de los dirigentes peronistas que hasta no hacía mucho tiempo le sonreían, ¿cómo habría de reaccionar Caserta delante de un juez, bajo presiones de toda índole?

Duhalde, sin embargo, había actuado de inmediato. Le encomendó a Carlos Mao que visitara a la familia de Caserta y le entregara un sobre con dinero para los gastos de la defensa. A juzgar por la dimensión del sobre, allí había dinero para financiar la defensa de diez procesados. La familia nada preguntó. Enterado de la oportuna amabilidad del vicepresidente, Caserta comprendió enseguida el mensaje.

A esos hechos había que sumar la repentina y extraña muerte de Bujía en el accidente callejero, que condujo a Duhalde al borde de una fuerte depresión. Desaparecía el hombre que había hecho todo por él; el hombre de los perfectos contactos con los dirigentes del interior del país; el que organizaba actos y conferencias en un abrir y cerrar de ojos; el nervio motor de la Liga Federal. Pero es cierto que también desaparecía el hombre que mejor podría haber relatado a la Justicia los pormenores del affaire Duhalde-Ibrahim.

Sin embargo, los recelos que más secretamente afligían a Duhalde empezarían a cobrar vida en pocas semanas.

En abril, los abogados de Ibrahim presentan un escrito en el juzgado de María Romilda Servini de Cubría que menciona a los hombres del gobierno que más gauchadas le han pedido al imputado: Julio Mera Figueroa, Alberto Pierri y Eduardo Duhalde. A los oídos del vicepresidente llega de prisa la versión: la jueza estudia no ya la posibilidad de escuchar los testimonios de todos los nombrados, también la realización de un careo entre él e Ibrahim. Los dolores de cabeza de Duhalde se acentúan. Menem está de gira por Alemania. Desesperado, sin saber qué decir ni qué comportamiento adoptar, le dice a Lence: *"¿Por qué carajo está afuera del país justo en los momentos de mayor quilombo?"*. Luego, resignado, lo llama por teléfono a Menem. "No te preocupés", lo tranquiliza el Presidente. "Desde acá yo arreglo todo".

Y así será. Porque Servini de Cubría, por razones ignoradas, desestimará la idea de fastidiar a tantos funcionarios.

El gesto de la jueza parece infundirle ánimo a Duhalde. Al temor le sucede la confianza. En una sola declaración, con una firmeza inusual, pide la renuncia de Amira y acusa al clan Yoma de haberle tendido una trampa con el nombramiento de Ibrahim. La réplica al arrebato de Duhalde saldrá, con aspereza, de la boca del hoy fallecido hijo del Presidente: "Duhalde miente, en lugar de cumplir con sus obligaciones".

Aunque el alboroto se aplaque a lo largo de semanas, el invierno traerá nuevas contrariedades para el vicepresidente.

Servini de Cubría comete un error que Menem no le perdonará: ordena un allanamiento sin saber que el domicilio pertenece a la madre de Zulema. Airada por el hecho, y porque Duhalde ha pedido el alejamiento de su hermana Amira —y, elípticamente, el de todos los Yoma—, Zulema declara públicamente que, para obtener información acerca del submundo de la droga, los periodistas deben hablar con el hombre de Lomas de Zamora o con su marido, es decir, Carlos Menem.

Duhalde, en realidad, ya no sabe qué hacer. Y, para colmo de males, la casualidad, como alguna vez había dicho Menem, parece de veras permanente: el Presidente no está en el país para responder a las palabras de su mujer, está en la Cumbre de Guadalajara.

Otro llamado telefónico y nuevamente la gestión de Menem, ahora con Emir, el jefe del clan Yoma, para componer el altercado.

Por fin, le tocará a la cándida Mirtha Legrand echarle otra palada de tierra al abrumado vicepresidente. Lo hará durante uno de sus almuerzos y sin perder la sonrisa. "Dígame, doctor, ¿usted es narcotraficante, como se dice?". Duhalde, como es su costumbre, responderá que todas las cosas que se dicen, se han dicho y se dirán acerca de su presunta vinculación con semejante delito, no son otra cosa que una campaña orquestada por los cárteles de la droga.

10
Sin plata y sin encuestas, no se puede gobernar

Ya son dos las máquinas de fax destinadas exclusivamente a hacerle llegar las encuestas de opinión: la del despacho del Senado de la Nación y, ahora, una más veloz y moderna que ha instalado en su casa. Le parece cosa de locos prescindir de las encuestas y lanzarse sin más a una elección. Basándose en datos ciertos, dice, uno sabe a qué atenerse.

Su manía está fundada en un pragmatismo cristalino y llano a cuya consolidación ha contribuido, desde luego, la experiencia vivida en 1988: las encuestas que le había encomendado realizar a su gente antes de las internas de aquel año, cuando los medios de comunicación y los principales dirigentes del justicialismo daban por cierta la victoria de Cafiero. Así les había ido a los que miraron con desdén sus encuestas vecinales y barriales. Había que pesquisar, investigar, indagar en el alma de la gente antes de echarse a andar las calles y exponerse como un atolondrado.

—Sin encuestas no se puede hacer política y mucho menos gobernar. Hay que preguntarle a la gente qué quiere, qué hombres prefieren. Y entonces, de acuerdo al resultado, uno tiene que tomar ese camino.

Hacer la obra que quieren, poner de funcionario al tipo que les gusta.

A partir de su asunción como vicepresidente, las encuestas habrán de adquirir una periodicidad y una trascendencia de la que antes habían carecido. Luis Verdi, cara oficial y presentable de la singular secretaría privada de Duhalde, se hace cargo de la relación con las consultoras. Cada quince días escucha atentamente las indicaciones de su jefe y acto seguido encomienda el trabajo a Hugo Haime o Julio Aurelio: encuestas sobre intención de voto para gobernador en la provincia; evolución de imagen; reacción de la sociedad ante determinadas resoluciones o palabras del vicepresidente. Las encuestas oficiales, como suele llamarlas Duhalde.

Por si fuera poco, no del todo satisfecho con los periódicos estudios que efectúan las empresas consultoras, el vicepresidente decide recurrir además a la militancia de la Liga Federal para llevar a cabo investigaciones sociales de toda índole en el conurbano bonaerense. *"Las encuestas del Partido"*, aclara en este caso, otorgándole a su poderosa corriente interna la jerarquía de partido político. La organización de estos estudios quedará en manos de María Laura Leguizamón. La elección de Duhalde no responde a un capricho. Conoce largamente a los padres de esa joven militante: Juan Bautista Leguizamón, abogado, asesor suyo en asuntos legales, y Alicia Pesado, a quien posteriormente colocará al frente de la Escribanía General del gobierno de la provincia. Duhalde ha visto crecer a María Laura; incluso ha seguido los pasos de la hermosa militante cuando la joven formaba parte del cuerpo de baile del Teatro Argentino de La Plata.

Pero ya no es la chica despreocupada que durante años novió con el mayor de los hijos del dirigente radical Raúl Alconada Sempé. Ahora tiene veinticinco años, es abogada y escribana, y una pieza clave en la

Juventud Peronista de La Plata. Es una persona de vitalidad sin límites e inspira al vicepresidente extrema confianza: por esas razones, es la indicada para dirigir las encuestas en la provincia y reunir a la juventud detrás de la candidatura de Duhalde a la gobernación.

Con el correr de los meses, sin embargo, el vínculo entre ambos trascenderá lo meramente político y cobrará, cuando en 1993 ella obtenga una banca en la Cámara de Diputados de la Nación, una dimensión inesperada.

A cinco meses de los comicios el candidato radical a la gobernación de la provincia, Juan Carlos Pugliese, aparecía rezagado, a diez puntos de Duhalde, quien aún no se decidía a aventurar su candidatura. Mejor dicho: pretendía hacerlo pero antes era necesario dejar pasar la tormenta que provocara el Narcogate, alcanzar luego un piso del cuarenta por ciento en las encuestas, y, por sobre todas las cosas, acordar con Menem un fuerte sostén financiero y económico para la futura gestión de gobierno. Duhalde sabía que, sin fondos extraordinarios, la provincia le resultaría ingobernable.

En una reunión a puertas cerradas con Menem el vicepresidente exhibió una serie de cifras preparadas por sus asesores acerca del estado de la provincia y la gestión del gobernador Cafiero: en los últimos cuatro años el salario real del obrero industrial se había reducido veintiocho por ciento; en idéntico lapso se habían perdido doscientos mil puestos de trabajo, llevando el porcentaje de desocupados en la provincia al veinte por ciento de la población económicamente activa; a eso había que sumarle que el cuarenta por ciento de los habitantes tenía sus necesidades básicas insatisfechas.

Duhalde no necesitaba recordarle al Presidente el todavía fresco fracaso de Cafiero en el plebiscito por la reforma de la Constitución provincial (que, más allá de una serie de modificaciones de tinte social, había pretendido incluir una cláusula que posibilitara al entonces gobernador presentarse para un segundo mandato). Radicales, troskistas, liberales, carapintadas, e incluso parte del peronismo, todos ellos disgustados con una administración prolija en cifras pero pasiva en obras y emprendimientos sociales, le habían dado un no tan sonoro y terminante a Cafiero que Menem, y el propio Duhalde (públicamente había apoyado el sí, pero a través de los millares de militantes de su Liga Federal se había entregado a boicotearlo) temían ahora por el futuro del justicialismo en la provincia.

—*Vos sabés muy bien, Carlos, que la gente no vota palabras, vota cosas, obras* —argumentó Duhalde—. *En mi provincia se concentra más del treinta por ciento del padrón electoral. Si queremos tener votos en el futuro, tenemos que hacer obras, y para eso voy a necesitar mucha plata fresca.*

Había que buscar un candidato de lustre. Y ése era el momento de esgrimir las benditas encuestas: en ellas Duhalde mostraba más del treinta por ciento de intención de voto, a pesar de que aún no era candidato y ni campaña había iniciado. En las reuniones posteriores del gabinete nacional, los estudios de Duhalde pasan de mano en mano. Menem no lo duda. El 8 de marzo de 1991 —no han transcurrido tres días desde la explosión del Narcogate— y sin consultar a su compañero, se apresura a declarar que el candidato del Partido Justicialista será Duhalde. Pero éste lo desmiente. Menem convoca a su hermano Eduardo, a Cafiero, Eduardo Bauzá, Domingo Cavallo y Julio Mera Figueroa, y les encarga acudir al despacho de Duhalde para ofrecerle todas las garantías que él estime necesarias. Menem quiere resultar simpático; desea hacerle comprender a su amigo que los principales hombres del gobierno, y hasta el mismísimo Cafiero, apoyan clara y abiertamente su candidatura.

Cavallo, ministro de Economía, se compromete a otorgarle a la provincia de Buenos Aires una porción especial en el reparto de la coparticipación federal; incluso, si Duhalde así lo quiere, bajo otro nombre y forma. Los otros emisarios no dejan de alabarlo un instante y también comprometen toda su asistencia en la campaña.

La respuesta de Duhalde deja helados a los hombres del Presidente:

—*Entiendo todo. Pero quiero pensarlo. Necesito tiempo.*

El vicepresidente, en nombre de la Liga Federal, y Cafiero, como líder del Frente Peronista Bonaerense (FREPEBO), acuerdan posponer hasta el 23 de junio las elecciones internas del justicialismo. De tal modo, Duhalde contará con cuarenta días más para enfrascarse en negociaciones, analizar más encuestas y observar los movimientos de su adversario en la interna, Carlos Brown.

Frescas en la memoria las gratas tardes de ajedrez en el bar Gallardón, Duhalde adopta el cauto comportamiento de un buen ajedrecista. Rascarse la barbilla, dar mil vueltas y finalmente realizar un movimiento que a primera vista puede parecer precipitado, aunque en realidad ha sido debidamente estudiado. Sumergir al adversario y a los espectadores en la incertidumbre. Tocar la pieza indicada sólo cuando de antemano se sabe que será el primer movimiento de una serie inquebrantable que conducirá, si no a la victoria, a una posición de preponderancia.

A lo largo de dos meses, pues, a través de continuas y ensayadas contradicciones, sumirá a Menem y sus seguidores en el desconcierto.

Aunque las encuestas ya le otorgan ese cuarenta por ciento que se ha impuesto como condición ineludible para lanzar su candidatura, él dice que sí, dice que no y tal vez. Desliza la intención de formar un frente de centroizquierda con la participación del intransigente Oscar Alende; paralelamente dialoga con Santiago de Estrada, candidato a gobernador por el Frente Independiente, fuerza de derecha con un vago matiz de centro. Pero Alende y el ex subsecretario de Seguridad Social de Menem no aceptan.

Entretanto, esos fastidiosos vaivenes hacen peligrar la alianza con los cafieristas del FREPEBO, y convierten a la Liga Federal en un cúmulo de ambiciones desembozadas. Durante una reunión de los duhaldistas, Pierri y Toledo se autoproclaman a gritos los candidatos naturales si Duhalde desiste, y terminan tomándose de las solapas; un adelanto de la disputa que se hará más notoria en 1995. Galmarini, algo más tímido, sugiere su propio nombre. En el FREPEBO son dos los nombres que más se mencionan: Mércuri y Ubaldini.

¿Qué espera Duhalde? Menem lo ha mimado y le ha prometido mil regalías; los hombres más poderosos del gobierno nacional están de su lado y el plan económico de Cavallo ha comenzado a rendir sus frutos. Duhalde, sin embargo, no quiere promesas. Las palabras que le formulan no bastan. Lo ha pensado largamente y ahora quiere dejar todo asentado por escrito: que ese respaldo económico tenga la forma y el peso de una ley. No sólo por el beneficio político y económico que una ley de esa naturaleza le brindará.

Por sobre todas las cosas, intenta que los legisladores justicialistas —en particular los menemistas— se rindan a sus pies, le entreguen ese gesto inequívoco de apoyo. Porque votar esa ley equivale a votarlo a él, a su poderío electoral. ¿O acaso hay por allí algún legislador nacional, salvo los representantes de Buenos Aires, claro, al que le preocupe un poco la suerte de los habitantes de Buenos Aires? Los legisladores justicialistas, piensa Duhalde, sólo van a aprobar una ayuda extraordinaria para la provincia si comprenden que sin los votos de la provincia el gobierno nacional naufragaría.

De modo que se comunica de inmediato con Cavallo y le dice que no tiene problema alguno en conversar nuevamente.

Desde la primera hasta la última de las cinco reuniones se realiza en el despacho de Pierri, en la Cámara de Diputados. Concurren Guillermo Seita —jefe de Gabinete de Economía—, Antonio Cafiero, Duhalde, Jorge Luis Remes Lenicov —ministro de Economía de Cafiero, cargo que continuará ocupando luego de la asunción de Duhalde—, Cavallo y Pierri.

Las palabras siempre son las mismas: Duhalde emplea como argumento la pobreza que padece la provincia, la imperiosa necesidad de solucionarlo a través de obras y planes de asistencia, y la conveniencia política de reparar de inmediato una gran injusticia: *"Históricamente recibíamos el treinta y tres por ciento de la coparticipación —dice—. Y ese porcentaje bajó abruptamente a veinte puntos en épocas de gobiernos militares y radicales; ahora necesitamos una reparación."*

Cafiero inesperadamente lo apoya, diciendo que en sus cuatro años de gobierno son escasas las obras que ha podido poner en marcha a causa de los escasos fondos; Cavallo y Remes Lenicov sacan cuentas; Seita media continuamente. Y Pierri, de pocas palabras, aprueba cada una las posturas de Duhalde con movimientos de cabeza y raros murmullos.

La buena disposición de Cavallo a conceder el socorro económico sorprende a Duhalde, que esperaba encontrarse con un hombre ácido e irreductible. Ocurre que Cavallo no sólo ha recibido precisas instrucciones de Menem, quien le ha dicho que necesita contar con la provincia a cualquier precio; el ministro sabe que el treinta y cuatro por ciento de los trabajadores y de las industrias y comercios del país se concentra en Buenos Aires, razón por la cual la buena fortuna del plan de convertibilidad está sujeta, en gran parte, a lo que suceda social y económicamente en la provincia.

Será el propio Cavallo el que encuentre la manera de otorgarle jerarquía legal a la exigencia de Duhalde: añadir un inciso, exclusivamente dedicado a la provincia, en el texto de la futura ley de Impuesto a las Ganancias. Apenas cinco líneas que el ministro redacta de su puño y letra, y, durante el último de los encuentros en el despacho de Pierri, le enseña a Duhalde:

De la recaudación del impuesto a las ganancias se destinará un diez por ciento (10%) al Fondo de Financiación de Programas Sociales en el conurbano bonaerense, a ser ejecutado y administrado por la provincia de Buenos Aires. Los importes correspondientes deberán ser girados en forma directa y automática.

Duhalde, con el papel entre las manos, le echa una mirada a Remes Lenicov; quiere saber cuánto dinero se oculta detrás de ese porcentaje.

—De acuerdo con el nivel de recaudación que se maneja actualmente —explica su futuro ministro—, esto equivale a unos seiscientos millones de pesos al año. Setecientos, con algo de suerte.

—Unos dos millones por día. Contantes y sonantes —intercede Cafiero.

—Y si el volumen de la recaudación crece, como tengo previsto —interviene Cavallo—, en los próximos años ese porcentaje puede alcanzar ochocientos millones.

A Duhalde le brilla la mirada. Quiere saber qué opina Menem.

—Está totalmente de acuerdo —responde Cavallo—. Además, me ha asegurado que si se presentan inconvenientes para aprobarlo en el Congreso, lo sacará por decreto. Quédese tranquilo, Eduardo.

Así se sentaron las bases del futuro Fondo de Reparación Histórica del Conurbano Bonaerense, invención de tinte electoral que tantas satisfacciones políticas habría de traerle a Duhalde en su futura gobernación.

El momento más misterioso en la vida de un político es aquel en que adquiere conciencia de su poder. No parece un despropósito suponer que Duhalde experimentó esa placentera sensación de autoridad y dominio en el transcurso de aquellas reuniones en el despacho de Pierri. No sólo habían accedido a todas sus demandas; a lo largo de esas tres semanas había sido el hombre más requerido y agasajado por los cortesanos del Presidente y los dirigentes del justicialismo, habitualmente poco afectuosos con él. Por lo demás, al decir de las encuestas que se apilaban en su escritorio, obtendría no menos del cuarenta por ciento de los votos. Cinco millones, acaso seis. ¿Cómo habría podido Menem rehusarse a conferirle la gracia de un fondo especial de tan sólo seiscientos millones anuales?

Días después del acuerdo, Duhalde resuelve acabar de cuajo con las idas y venidas y anuncia su precandidatura a la gobernación: *"La decisión de ser candidato la tomé por lo mal que está la provincia. Mis hijos van a escuelas del Estado y tienen pocos días de clase. Muchas cosas están mal. Pero no es difícil resolver los problemas de la provincia: hay que conocerla y saber qué hacer ante esos problemas. Yo la conozco porque soy un hombre de Lomas de Zamora y sé cómo se resuelven. Hay que gobernar con mano dura".*

Al enterarse del propósito de Ubaldini de presentarse como candidato a través de una estructura paralela al justicialismo, Duhalde dirige la mirada hacia los dirigentes sindicales. Su pasado de delegado municipal favorece sin dudas los contactos. Con Lorenzo Miguel, entrañable compañero de los años setenta, acuerda la incorporación de Luis Guerrero, secretario adjunto de la Unión Obrera Metalúrgica, a su lista de precandidatos a diputados nacionales. También incluye a José Rodríguez, de SMATA, y a José Luis Castillo, del gremio de los trabajadores navales.

Con todo, faltan cuarenta días para el comicio interno y Duhalde aún no ha dicho quién lo acompañará en la fórmula. Según el acuerdo realizado con Cafiero, al FREPEBO le corresponde designar al precandidato a vicegobernador, y proponen dos nombres: Rafael Romá (ex senador provincial, ministro de Acción Social de la administración Cafiero) y Gustavo Adolfo Green (intendente de Merlo que en octubre de 1995 será designado Secretario de Programación y Coordinación para la Prevención de la Drogadicción y Lucha contra el Narcotráfico, en remplazo del duhaldista Lestelle).

Pero la arrogante respuesta de Duhalde los deja atónitos:

—*No voy a aceptar presiones de ninguna naturaleza para elegir a mi compañero de fórmula.*

E inicia una serie de conversaciones con varios dirigentes. Lo visita a Manolo Quindimil, intendente de Lanús, y le ofrece el lugar; simultáneamente, charla con Felipe Solá, ex secretario de Agricultura del gobierno nacional, y le formula idéntica propuesta. No complacido con el alboroto que está causando en el interior del FREPEBO, o mejor: en el hígado de Cafiero, se reúne con su amigo el farmacéutico Lestelle, posteriormente con Pierri, y a los dos les deja entrever que cuentan con grandes posibilidades de convertirse en su acompañante.

Pero la ronda de consultas e intrigas no pasa de ser un mensaje cifrado, en forma de travesura. Porque el hombre es Romá. Ya lo ha resuelto con anterioridad a esa entretenida ronda de consultas y se lo ha dicho, en tono de confidencia, a sus amigos Tavano y Toledo. La razón de sus últimos movimientos radica en dar a entender a todo el aparato partidario que él es un hombre independiente, poderoso y autónomo. Hace lo que le viene en gana: a los dirigentes del partido les asegura que dará a conocer el nombre de su compañero el día 22 de junio, y, sin embargo, el día anterior congrega a los medios de comunicación en la quinta Don Tomás y les obsequia la primicia.

¿Por qué Rafael Romá?, se pregunta la prensa. Que sea un hombre de la localidad de Ramallo, es decir, del interior de la provincia, no parece razón suficiente. Tampoco su edad: treinta y ocho años. No. Duhalde conoce a Romá desde 1983 y sabe que es un político retraído, por momentos apocado, pero reúne diversas cualidades muy difícilmente hallables en otro justicialista de la provincia: es progresista pero sumiso, es diligente y representa como pocos al cafierismo. Duhalde, en fin, recurre en 1991 a la estratagema que tan buenos resultados le había proporcionado a Menem en 1988: robarle al adversario uno de sus cuadros menos cuestionados, de tal modo otorgarle a la fórmula consenso entre los justicialistas de distintas corrientes, y, hallazgo fundamental, brindarle un tinte seudoprogresista. Porque allí confluyen el populismo del vicepresidente y el aparente aire renovador del joven de Ramallo. Porque Romá significa para Duhalde lo que éste significó para Menem en 1988.

El año que tan mal se había iniciado cobró nueva vida a partir de las sucesivas elecciones. En las internas, la fórmula Duhalde-Romá obtuvo el ochenta y dos por ciento, logrando de tal manera la mayoría y minoría.

En agosto, una vez consagrado candidato por su partido, Duhalde le encomendó a Toledo la organización de una cena con los industriales más pudientes para colectar fondos y simpatías. Mil dólares la entrada. Sobre otro tipo de aportes hablarían a lo largo del encuentro. El buffet froid se llevó a cabo en el Hotel Plaza y la afluencia de empresarios no pudo ser mejor: Claudio Sebastiani, Marcelo Diamand y Roberto Favelevic, representantes de la Unión Industrial Argentina; el vicepresidente del Citibank, Guillermo Stanley; Gonzalo Fernández Moreno, de Bunge & Born; Sergio Einaudi, de Techint; Héctor Massuh, de la papelera Massuh; Alejandro Achával, de Ipako, y Julio Hojman, de BGH.

Pero en las horas previas al encuentro Duhalde fue nuevamente víctima de un ataque de altanería.

—*Lo que necesitamos es plata y apoyo* —le dijo a Toledo por teléfono—. *Que vayan y se pongan. Ellos saben que los votos los tengo yo.*

Y decidió no asistir. Se quedó en Los Antiguos, Santa Cruz, adonde había viajado para entregar medio millón de dólares a los damnificados por los daños que habían provocado las erupciones del volcán Hudson.

Alberto Piotti y Felipe Solá, primero y segundo

en la nómina de candidatos a diputados, fueron los oradores principales, junto con el obediente Romá. El jefe de la campaña, Hugo Toledo, agradeció a los empresarios en nombre del candidato.

De la noche del 8 de septiembre de 1991, día del comicio que lo condujo a la gobernación de la provincia de Buenos Aires, Duhalde recuerda sin esfuerzo el porcentaje del electorado que lo votó: el cuarenta y tres por ciento, frente al veinticuatro de Pugliese. No se acuerda, en cambio, de haber pasado la tarde llorando frente a la tumba del Negro Bujía, en el cementerio El Campanario, de La Plata, luego de emitir su voto.

11
Los negocios
del Fondo del Conurbano

No había sido sencillo obtener el apoyo de los partidos provinciales para la aprobación de la ley que alimentaría las arcas del Ente del Conurbano. Seita y Pierri habían debido reunirse en más de una oportunidad con los representantes del bloque provincial (Rafael Martínez Raymonda, demoprogresista de Santa Fe, y María Cristina Guzmán, del Partido Popular Jujeño). Con todo, luego de prometerles regalías de toda naturaleza a los legisladores del interior del país —adelanto de fondos coparticipables y, se presume, uno que otro favor de índole personal—, y de pasarse doce horas enclaustrado en el despacho de Pierri, aguardando con ansia el resultado de la votación, el 2 de abril de 1992 Duhalde pudo por fin respirar tranquilo. Ahora sólo faltaba reglamentar la administración y el control de esos fondos.

El flamante gobernador remitiría de inmediato a la legislatura de la provincia el proyecto de ley correspondiente, que, como había ocurrido en el Parlamento nacional, fue aprobado en pocos días; entre los hombres de la oposición, el escrito apenas avivó un debate acerca de la forma pero no del contenido. No hay mucho por discutir. ¿Qué legislador podía oponerse públicamente al ingreso de fondos, en apariencia destinados a mitigar la difícil situación socioeconómica que padecía la provincia? Las estadísticas, sin dudas veraces, que el oficialismo ofreció durante el debate, hacían inútil toda oposición: el veintiocho por ciento de la población carecía de vivienda; los principales cursos de agua estaban contaminados; más de un millón y medio de personas debían alumbrarse con velas o faroles; el treinta por ciento de los habitantes carecía de gas natural, el sesenta y ocho por ciento de agua potable y el ochenta y cinco por ciento de cloacas. Por último, un dato que buena parte de los legisladores conocía pero que el oficialismo se ocupó de traer a la memoria con énfasis: el veintisiete por ciento de las plantas industriales del país estaba asentado en el conurbano bonaerense.

Aunque los fondos dependerían directamente del gobernador, la dimensión de la empresa había tornado indispensable la creación de una estructura acorde con rango de ministerio: el Ente del Conurbano Bonaerense, cuya administración, bajo el continuo consejo y mirada de Duhalde, debería estar a cargo de un hombre de extrema confianza.

¿En qué manos delegar el manejo de tanto dinero? Al gobernador lo asalta la duda. Requiere de los buenos oficios de una persona recatada y sumisa que, más allá de serle fiel, esté desprovista de propia iniciativa, alguien que sin muchos rodeos y preguntas acate sus indicaciones. Piensa en el Gordo Arcuri, jefe del bloque de senadores provinciales justicialistas. El Gordo es un hombre manso, y, por lo demás, buen amigo, vecino de San Vicente. Pero Duhalde no está muy seguro. Se le ocurre el nombre de Carlos Francisco Dellepiane, a quien acaba de nombrar ministro de Gobierno y Justicia; pero el Pato es medio charlatán, capaz de cometer alguna infidencia, y, además, esa designación lo obligaría a realizar una modificación en el gabinete, cosa que puede mover a mil conjeturas cuando todavía no ha cumplido seis meses de mandato en la gobernación. Lo descarta. De modo imprevisto sus ojos se dirigen hacia Julio Carpinetti. Cierto es que Carpinetti ha debido sortear una acusación sobre presunta malversación de fondos públicos en sus tiempos de intendente de Florencio Varela; pero el gobernador ha podido corroborar que entre los atributos de Carpinetti hay uno que sobresale y le proporciona el aire ideal para hacerse cargo del Ente: es un hombre de aspecto comedido y sin embargo proclive a entregarse de pies y manos, sin preguntar nada, a cambio de un puesto cercano al poder.

Duhalde lo cita en su despacho, ensalza sus dotes de militante peronista y, pidiéndole a cambio plena fidelidad y discreción en el manejo de los fondos del Ente, le ofrece el cargo y desliza, además, el propósito de darle todo su apoyo para lanzarlo como candidato a la gobernación en 1995. Carpinetti se queda sin palabras, agradece una y otra vez tanta confianza y asume la presidencia del Ente del Conurbano el 14 de mayo de 1992.

Las primeras semanas del hombre de Florencio Varela como presidente del Fondo serán extraños.

De la noche a la mañana, su despacho en el cuarto piso de la gigantesca Torre II, en La Plata, se convierte en una suerte de meca por la que comienzan a desfilar funcionarios y legisladores mendigando regalías de toda naturaleza. Todos pretenden sacar algún provecho de la magnífica invención de Duhalde: solicitan la promoción de obras en sus distritos con el propósito de obtener beneficios políticos; sugieren la contratación de empresas amigas para sacar algún bocado. Los más intrépidos llegan a ofrecer apoyo legislativo a cambio de un porcentaje del dinero que anualmente habrá de recibir el Fondo. Dicho de modo más llano: una tajada a cambio de la total ausencia de control legislativo sobre los gastos que realizará el Ente.

La ley provincial a través de la cual se ha establecido la administración y el funcionamiento del Fondo excita sin duda alguna la propensión al enriquecimiento fácil. Un texto en apariencia hermético y preciso que sin embargo presenta diversas grietas. Equívoco, por difuso e inabarcable, es, en primer término, el destino que se le puede dar a los fondos: "estudios, proyectos, obras, mantenimientos y suministros que se requieran para la ejecución de programas sociales de saneamiento, infraestructura urbana, salud, educación, seguridad, empleo y todos aquellos compatibles con la reparación y garantía de los derechos humanos básicos". Lo mismo ocurre con la posibilidad de realizar contrataciones directas mediante "la compulsa de cinco invitaciones a empresas de la especialidad", "previo dictamen" de una comisión bicameral conformada por doce legisladores. La selección de las cinco empresas a ser invitadas, y la posterior designación de una de ellas, está sujeta al antojo o buena voluntad del presidente del Fondo. Y la composición de la comisión bicameral que debe aprobar o rechazar las contrataciones directas responde proporcionalmente al grado de representación que han alcanzado las distintas fuerzas políticas en la legislatura, razón por la cual ocho miembros son justicialistas y cuatro radicales (por lo demás, son suficientes siete firmas para aprobar un expediente, es decir, con la sola presencia de los miembros del oficialismo es posible hacer y deshacer sin más trámite). Por último, en la reglamentación del funcionamiento del único control político al que debe someterse el Ente, se ha instituido la figura del "silencio positivo": si un expediente ingresa a la comisión y al cabo de diez días no ha habido un pronunciamiento, se lo considera aprobado.

Fundada en la conveniencia de actuar rápida y licenciosamente a la hora de llevar a cabo una obra, la ley provincial 11.247 da la impresión de haber sido moldeada a la medida del gobernador: autoriza al Ente a someterse al habitual mecanismo de control de las obras públicas —Asesoría General, Fiscalía, Contaduría General y Tribunal de Cuentas—, pero con posterioridad a la realización de la obra.

Una tarde del otoño de 1992 el senador Reinaldo Pierri, miembro de la comisión bicameral, se presenta en el despacho de Carpinetti. "Vengo a hablarte en nombre de todos los compañeros de la comisión", le dice. A continuación, haciendo a un lado cualquier miramiento, el hermano menor del presidente de la Cámara de Diputados de la Nación expone una propuesta que le parece muy sensata: el ocho por ciento de la recaudación anual del Fondo, para él y sus siete compañeros de comisión, y uno que otro trabajo para las empresas que él recomiende.

A Carpinetti la solicitud de Pierri no le causa asombro: días atrás, el diputado radical Luis Ricardo Jorge, ex guardaespaldas de Melchor Posse y también insigne miembro de la comisión, lo ha visitado para pedirle que favorezca a una empresa constructora de San Isidro, su distrito; el mismísimo presidente de la Cámara de Diputados de la provincia, Osvaldo Mércuri, también le ha formulado un pedido similar.

Carpinetti no sabe muy bien cómo reaccionar frente al torrente de pedidos y presiones. Acude a las oficinas de Duhalde. Le refiere la conversación que ha tenido con el hermano de Alberto Pierri. El gobernador ríe de la avidez del senador de Lanús. El ocho por ciento es demasiado; poco menos de cincuenta millones al año. Cierto es que para tener el camino despejado el gobernador precisa contar con el visto bueno de la comisión, pero no a ese precio. Carpinetti y Duhalde estudian el asunto y elaboran otra propuesta: el dos por ciento y la contratación de las empresas que Reinaldo Pierri aconseje. Ultima palabra.

El gobernador ha pensado en todo: ya acordó la presencia de Carpinetti en el programa de Bernado Neustadt. Diez minutos para que el presidente del Fondo pueda ahondar acerca de las actividades y objetivos sociales del organismo.

Temeroso de que visitas como las de Reinaldo Pierri se reiteren y provoquen un caos sin límites, el gobernador también ha resuelto colocar en la secretaría administrativa del Fondo a un gran amigo suyo, el contador Luis María Cantarelli, hasta ese momento director de Loterías. Cantarelli es un hombre que repara en minucias, no descuida detalle alguno. A punto tal que solía exigirle a Duhalde un comprobante por el sobresueldo que el gobernador le pagaba.

El gobernador también ha pensado en el futuro de su hermana, María Aurora Duhalde de Romano, mujer de Mario —aquel vendedor de lavandina que en el verano de 1970 supo hacerle creer al dueño de la pileta de Alejandro Korn que el joven Eduardo era bañero—, y le ha conseguido un sitio en el Ente: directora del Programa de Cooperación Técnica Internacional para el Conurbano Bonaerense.

Días más tarde, Carpinetti cita a Reinaldo Pierri en su oficina y le hace saber las condiciones. El senador acepta de buena gana y se compromete a facilitar el apoyo de la comisión bicameral en todas las contrataciones directas que el Fondo estime necesarias. Antes de marcharse, se pone a hablar largo y tendido sobre los Mercati, gente muy seria de Banfield, dice, que trabaja en pavimentaciones.

Con el pasar del tiempo, el Ente del Conurbano habrá de adquirir todas las características de un acaudalado y extraordinario centro de campaña política. Cada quince días, los intendentes peronistas de los distritos del conurbano se reunirán con Carpinetti para examinar la situación política de cada municipio. La manía de las encuestas también se ha apoderado de todos ellos. De modo que con los estudios en la mano se sientan a una mesa y, de acuerdo con el estado de las cosas (es decir, de los vaivenes de la imagen del gobernador Duhalde y del intendente de turno) consideran el destino que deben tener los fondos. A partir de allí, con el socorro del sofisticado Sistema Informático Geográfico (programa que en pocos segundos permite determinar, por lote, por manzana, las carencias de infraestructura de cada sector y la cantidad de votantes que contiene), se elabora otra encuesta, ahora de carácter asistencial, en la que se le otorga al vecino la posibilidad de escoger entre un puñado obras: cloacas, electricidad, pavimento. Realizar todas es imposible, motivo por el cual el Ente dispone la ejecución de la obra que mayor cantidad de votos ha recibido. La política del organismo es clara: convertir las obras en sostén electoral.

La Matanza, Florencio Varela, Quilmes, Lomas de Zamora, La Plata y San Vicente se convierten de tal modo en los distritos más agraciados con las continuas obras del organismo. Llamativa deferencia la del Fondo: Duhalde es de Lomas de Zamora y tiene su quinta en San Vicente; Alberto Pierri es de La Matanza; Carpinetti y Giannettasio, de Florencio Varela. Justo es recalcar que ésos son los distritos que mayor relevancia electoral tienen. En cambio, y a pesar de su vasta extensión y cantidad de habitantes, Morón, municipio administrado por el excesivamente menemista Juan Carlos Rousselot, recibe migajas.

Presa de un ataque de quietud, la comisión bicameral, presidida por Luis Colabianchi (senador por Magdalena e inseparable amigo de Duhalde) sólo se reúne para aprobar expedientes de contrataciones directas de obras sin siquiera echarles un vistazo. O, cosa también habitual, los ocho representantes del justicialismo en la comisión desaparecen a lo largo de un par de semanas para lograr la aprobación de los expedientes gracias al recurso del "silencio positivo".

La licitación, pública o privada, ha pasado al olvido. En sus primeros siete meses de funcionamiento, al amparo de una ley que lo autoriza a burlar todos los mecanismos de control e inspección, el Fondo realiza inversiones por sesenta y tres millones de pesos. No obstante, un grueso equívoco de Carpinetti, excitado acaso por el inexplicable apresuramiento de Duhalde, hará que todas las miradas se posen en las insondables actividades de un organismo que hace y dispone sin brindar mayores explicaciones.

En la última semana de noviembre de 1992, el gobernador resuelve llevar a cabo un plan de turismo para los alumnos que cursan en las escuelas de "alto riesgo" del conurbano. Una semana en las playas de Mar del Plata y San Clemente del Tuyú, antes de que empiece la temporada veraniega, con todos los gastos a cargo del Ente. *"Vamos a llamarlo Plan Días Felices"*, le dice Duhalde a Carpinetti. *"Y quiero que se haga ya"*. A las corridas, Carpinetti se reúne con la directora general de Escuelas y Cultura —su ex pareja, Graciela Giannettasio— y con los responsables de la subsecretaría de Turismo de la provincia, Juan Antonio Garivotto y Luis Burzaco, con el propósito de organizar el viaje. (Garivotto, más conocido como el

Gordo, suele esconder un arma entre sus ropas; es un hombre de aspecto temible, amigo de Mércuri e hijo de un dirigente del gremio de los pescadores de Mar del Plata).

La reunión es un caos. Es que la orden del gobernador ha sido precisa: el primer contingente de chicos debe partir en una semana. ¿Por qué el apuro? Ninguno conoce la respuesta. Tampoco se atreven a indagar. Saben tan sólo que cuentan con siete días para designar a la empresa que se encargará de las efímeras vacaciones, y, tarea más embrollada, para comunicarles a las escuelas que deben preparar a sus alumnos.

No han transcurrido cuarenta y ocho horas desde la alborotada reunión cuando Garivotto y Burzaco le hacen saber a Carpinetti que la empresa ideal se llama, gran coincidencia, Complejo Días Felices, cuyo vicepresidente, Adrián Guillermo Salvucci, ha formulado la siguiente propuesta: 385 dólares por chico, con traslado y estadía completa pagos. Pero la empresa, supuestamente dedicada a la hotelería y la gastronomía, nunca jamás ha organizado ni realizado un viaje de esa naturaleza, ni está registrada en ENATUR. "Ellos prometieron que mientras se estén haciendo los viajes se van a registrar", argumentan Garivotto y Burzaco. De todas maneras, a Carpinetti le parecen detalles irrelevantes. Al igual que las decenas de obras de pavimentación, construcciones y desagües que ha adjudicado hasta ese momento, resuelve contratar a Complejo Días Felices prescindiendo de cualquier licitación o cotejo de precios.

Sólo días después se le ocurrirá confrontar presupuestos, cuando ya es demasiado tarde: los 8.600 chicos se encuentran en las playas. Entonces se enterará de que un viaje de esa índole, con todos los gastos incluidos, no cuesta más de ciento cincuenta dólares. Es decir que, como presidente del Fondo, ha pagado poco más de tres millones de dólares por un programa que, a lo sumo, podía haber costado un millón trescientos mil.

Desesperado, el día 7 de diciembre, cuando ya todos los chicos han regresado del viaje, remite un telegrama insólito a las asociaciones cooperadoras de todas las escuelas que han sido beneficiadas:

REF.: SUBSIDIO PARA VIAJE FIN DE CURSO.
Señor Presidente de la cooperadora: nos dirigimos a usted en relación al tema de la referencia, a fin de reiterarle lo expresado en el Convenio respectivo, en cuanto a que vuestra Cooperadora se encuentra en absoluta libertad de contratar con cualquier prestador los servicios necesarios para tal viaje, más allá de cualquier selección que pudiera realizar la Secretaría de Turismo de la Provincia de Buenos Aires.

¿Absoluta libertad de contratar con cualquier prestador los servicios necesarios para tal viaje? El telegrama suena a desdichada ocurrencia. Porque los chicos, como se ha dicho, ya están de regreso en sus hogares, debidamente tostados y felices, no tan radiantes, quizá, como los propietarios del Complejo Días Felices y muy probablemente algún funcionario del gobierno de la provincia. Carpinetti ha enviado los telegramas con un solo objetivo: cubrirse, aducir que el Ente había dejado en manos de las cooperadoras la contratación de la empresa que más les gustara. Y eso es lo que dirá cuando el grave descuido se torne público, y atribuirá a la morosidad del correo la tardanza en la llegada de los telegramas.

Desolado aunque movido por la certeza de que no ha cometido ningún error, Carpinetti echará la culpa de todo a Giannettasio, Garivotto y Burzaco. Estos, en cambio, harán hincapié en la felicidad que le han brindado a millares de chicos.

Para el gobernador, en tanto, nada incorrecto había sucedido:

—*Hemos pagado más. Lo acepto. Hemos pagado más pero se debe a la urgencia con que trabajamos. La alternativa hubiera sido no hacer el viaje. Y Carpinetti se queda porque está haciendo un gran trabajo.*

El presidente de la Asociación de Hoteles de Villa Gesell, Luis Rodríguez, contribuirá a subrayar el escándalo a través de una gran solicitada, dirigida al gobernador Duhalde y publicada en los principales periódicos nacionales:

> *(...) ofrecemos a Ud., por este medio, 30.000 plazas por siete días, a ocupar en los meses de octubre y noviembre de 1993, con pensión completa a $ 140.- por PAX 7 noches.*

A pesar de las evidencias, el gobernador creyó disparatado promover una investigación. Además, ratificó a su amigo Carpinetti en el cargo. Proceder tal vez osado el de Duhalde, pues había comenzado 1993, año de elección de legisladores nacionales e intendentes que, como es habitual en cada comicio, sería útil para convalidar la gestión del gobierno nacional y también del de la provincia. No parecía provechoso, por tanto, sostener de modo categórico a un funcionario tan criticado.

Con todo, la estadía de Carpinetti en el Fondo del Conurbano había de finalizar pocos meses más tarde, a mediados de año, y a raíz de un episodio que parece extraído de una telenovela.

Cuatro días antes de la elección interna del justicialismo en Florencio Varela, en la que se iba a elegir el candidato a intendente, Carpinetti tuvo un arrebato. El apoyaba a César Pereira, en tanto que Giannettasio impulsaba la candidatura de Luis Genoud. El 4 de junio, en declaraciones al diario *Página/12*, Carpinetti, sin ofrecer pruebas, aseguró que su ex mujer se aprestaba a cometer un tremendo fraude y añadió: "Esto es un problema personal. Ella fue amante mía un tiempo. Como ahora cambió de amante, puede ser que tenga un problema conmigo". En Entre Ríos, donde pasaba unos días de descanso, Duhalde recibió las palabras de su amigo como un verdadero mazazo. No las referidas al fraude. Las destinadas al corazón de su antigua amiga Giannettasio. No lo toleró. Telefoneó al secretario de Gobierno, Fernando Galmarini, y le ordenó: "A Julio lo sacás inmediatamente. Decíle que se vaya".

Carpinetti, pues, partió. Y al Pato Dellepiane le cupo hacerse cargo de la administración de los dos millones de pesos diarios que manejaba el Fondo. Una responsabilidad sin par, sobre todo en un año electoral que requería fuertes y certeras inversiones en obras de toda naturaleza. Pero su gestión duró poco. Cuatro meses más tarde se marchaba, dando un portazo y maldiciendo a Cantarelli. Por lo visto, no había soportado las continuas intromisiones del contador de Duhalde en la repartija de los recursos del Ente.

Ahora le tocaba al Gordo Arcuri celebrar el altercado. Lo nombraron presidente del Fondo a mediados de noviembre de 1993.

El quehacer de Arcuri fue eficaz y febril. Los gastos de funcionamiento del organismo —que cuenta con trescientos empleados—, pasaron de ocho a nueve millones de pesos en menos de un año y sin razones valederas. A lo largo de 1994, entre obras ejecutadas y subsidios entregados, el Fondo realizó una inversión de 643 millones de pesos frente a los 442 millones utilizados en 1993.

No obstante, el criterio que prevalece a la hora de resolver el destino de los fondos es un enigma que sólo es posible dilucidar si se le echa una mirada política al asunto. De las 222 obras adjudicadas en 1994, 31 se realizaron en La Plata (por un valor de 13.843.304 pesos); 30 en La Matanza (por 11.267.506 pesos); 27 en Lomas de Zamora (por 19.904.032 pesos); 25 en San Vicente (7.183.580 pesos); 24 en Quilmes (por 11.719.905 pesos), y 23 en Florencio Varela (por 8.247.521). En Morón, sin embargo, a pesar de que son 641.230 sus habitantes —en San Vicente son apenas setenta y cuatro mil—, se llevaron a cabo tan sólo cuatro obras, con una inversión de 2.739.074 pesos. Vicente López, municipio que triplica en cantidad de pobladores al distrito donde Duhalde, Arcuri y Mércuri tienen asentadas sus fabulosas quintas, logró que se lo beneficiara con una sola obra por 1.355.462 pesos.

Menos laborioso, tal vez, resulta descifrar el criterio que predomina al señalar las empresas que habrán de ser beneficiadas. Desde la creación del Fondo del Conurbano, la adjudicación del cuarenta y dos por ciento de las obras ha caído en manos de solamente seis empresas constructoras: Victorio Américo Gualtieri (con 50 millones de pesos); H. F. de Armas (37 millones); Decavial (33 millones), y los grupos Vezzato-Colombi (20 millones); Cemmex-Marcaiba (38 millones), y Carbe-Mercati (19 millones de pesos).

¿Por qué?

Alfredo Mercati, uno de los titulares de la firma Carbe-Mercati, es un buen vecino de Banfield que vibra del contento al escuchar el nombre del senador provincial Pierri. "Con Reinaldo hacemos buenos negocios", dice. Los Vezzato, de Quilmes, agradecen en cambio los buenos oficios del senador justicialista Tránsito Saucedo, vecino, amigo de la familia y miembro, como Pierri, de la comisión bicameral que ha sido creada para supervisar las contrataciones directas que realiza el Ente. Acerca de los Gualtieri, basta conversar con los vecinos de Duhalde o, mejor quizá, hacerse una escapada a Pinamar, en el verano, desde luego, donde los propietarios de la bienaventurada empresa constructora suelen acercarse para compartir unos mates playeros con el gobernador.

Entre mayo de 1992 y junio de 1995, el Fondo del Conurbano realizó a discreción inversiones por 1.581.405.798 pesos. Más de un millón y medio por día. Sin control alguno. El noventa por ciento de las obras se ha llevado a cabo mediante contrataciones directas.

12
Una cuestión de imagen

A Duhalde no le llevó mucho tiempo comprender que entre las manos tenía un formidable instrumento político. Una máquina excepcional que, empleada con astucia, le proporcionaría el respaldo que anhelaba para llevar adelante su proyecto. De modo que la echó a andar: desagües pluviales, pavimentos, refacciones de escuelas, redes cloacales, remodelaciones de plazas y paseos públicos, iluminación de calles.

Las obras que el Ente del Conurbano llevaría a cabo, fundadas casi todas ellas en la política del socorro y de la búsqueda de sostén electoral, serían infinitas. Más de mil doscientas desde su creación, en mayo de 1992, hasta mediados de 1995.

Con todo, ¿qué provecho político podía obtenerse de tamaña cascada de obras si además no se lo hacía saber, de manera continua y eficaz, a los millares y millares de posibles electores? La destreza del gobernador para crear el más poderoso de los aparatos publicitarios del país, fue digna de admiración. Y en momento alguno reparó en los costos que la operación comportaría.

Cierto es que confió el manejo de su imagen y de la difusión de los actos de gobierno a un puñado de hombres sin duda ingeniosos. El equipo de comunicación social del gobernador, conformado por Carlos Ben, Oscar Malfitano Cayuela y Jorge Carlos Venini —a menudo suele sumárseles Luis Verdi, subsecretario de Cultura—, demostró conocer al dedillo no sólo el arte de la formación de la imagen, también el sombrío mecanismo que impera en el interior de los medios de comunicación argentinos, donde la noticia se ha convertido en un producto cuya objetividad, independencia y magnitud se encuentran tan supeditadas al inevitable proceso de selección de noticias como a la pauta publicitaria.

A cada una de esas mil doscientas obras realizadas por el Ente del Conurbano a lo largo de tres años —más de mil doscientas, se ha dicho—le ha correspondido su pertinente y profusa promoción en diarios, radios y canales televisivos provinciales y nacionales. El nombre de Duhalde comenzó a invadir las páginas de los principales periódicos a la manera de avisos y solicitadas; empezó a escucharse en radios de toda frecuencia, y, con una puntualidad pocas veces vista, ahora de cuerpo entero, se convirtió en el invitado sorpresa de todos los canales de televisión a las horas de mayor audiencia. El más satisfecho con esta empecinada política de difusión —porfía que sólo encuentra antecedentes en el primer gobierno del general Juan D. Perón—, ha sido Raúl Naya, en cuya agencia Duhalde resolvió delegar la ejecución del ochenta por ciento de la propaganda de su gobierno. Raro capricho, el del gobernador, teniendo en cuenta que en su gabinete existe una secretaría de Comunicación Social, a cargo del mencionado Carlos Ben; así como una dirección provincial de Publicidad, otra de Prensa y una tercera de Comunicación Radial. Estas cuatro áreas del gabinete suman ciento treinta empleados que, al parecer, sólo sirven para bosquejar ideas que a Naya le toca producir y posteriormente divulgar.

Ocurre que Naya realizó una inversión aproximada de un millón de dólares en la campaña de Duhalde en 1991. Una apuesta que ha rendido sus buenos frutos.

Basta observar al descuido las planillas de la Tesorería General de la provincia para caer en la cuenta de que los gastos de Duhalde en publicidad aumentan de modo notorio en tiempos de elección: en 1993 destinó veintinueve millones de pesos a la difusión de su imagen; en 1994 fueron veintiséis millones. En el primer semestre de 1995 han sido treinta y cuatro millones. Entre agosto de 1992 y junio de 1995 el gobierno provincial efectuó una inversión de noventa y seis millones de pesos: dos millones ochocientos mil por mes; poco menos de cien mil pesos por día. Dinero del cual, en todos los casos, Naya se ha llevado el cincuenta por ciento por los servicios prestados.

No resulta sencillo discernir el límite, si de veras lo hay, entre Naya y la secretaría de Comunicación Social. El nombramiento de Jorge Carlos Venini como asesor de la secretaría ha hecho más difícil aún advertir esa frontera. Venini era antes empleado de Naya, y aunque ahora ocupa un cargo en la gobernación suele atender asuntos del gobierno, dos o tres veces a la semana, en las oficinas de la agencia de publicidad de su anterior patrón, en la avenida Córdoba al 800 de la Capital Federal.

A Venini el gobernador le debe la creación y coordinación de los microprogramas denominados "Síntesis Bonaerense", que noche y día se difunden por los canales de televisión, y su audio por las radios. La realización, desde luego, corre por cuenta de Naya. Solamente la producción de estos cortos, cuyo propósito es difundir las obras realizadas por el gobierno de la provincia de Buenos Aires (y, por añadidura, la figura del gobernador Duhalde) comportan un gasto mensual de quinientos mil pesos. Entre diciembre de 1991 y junio de 1995, Naya ha realizado mil quinientos micros; la difusión de cada uno de ellos —promedian los cincuenta segundos— le ha costado al gobierno de la provincia no menos de diez mil pesos por entrega.

Venini es, además, el encargado de dialogar directamente con los medios a la hora de distribuir la publicidad del gobierno. Pero su complejo rol de servidor de dos patrones lo lleva en más de una oportunidad a caer en terribles trastornos; a veces se presenta como funcionario de la secretaría de Comunicación, y en ocasiones lo hace como empleado de Naya.

Un equívoco comprensible, pues la fusión que de hecho se ha dado entre Naya y el gobierno es en algunos casos inverosímil: debido a la intermediación de las agencias Naya y Huillar, los avisos oficiales en la radio oficial Baires 12.70 —ex Radio Provincia—, comenzaron a costarle al gobierno un cincuenta por ciento más caros. Por razones ignoradas, Duhalde ha considerado conveniente prescindir de los servicios de su dirección de Publicidad en aras de Naya Producciones. Así las cosas, el dinero destinado al pago de la propaganda oficial en la emisora oficial cumple un trayecto laberíntico y gravoso. Sale de Rentas Generales, pasa por todas las áreas correspondientes del gobierno, cae en manos de las agencias que, antes de derivar los avisos a la radio retienen entre un treinta y un cincuenta por ciento del dinero en concepto de honorarios, y lo que resta regresa a Rentas Generales como recaudación de la emisora. En ese largo camino, el gobierno pierde cientos de miles de pesos.

De los influjos de la perspicaz y empalagosa política de difusión que el gobierno de la provincia ha elucubrado, ni los propios periodistas han conseguido escapar. Despaciosa y sigilosamente, a partir de 1992, el duhaldismo comenzó a absorber los servicios de dos decenas de periodistas, en su mayor parte corresponsales en La Plata de agencias de noticias y diarios de la Capital Federal y del interior de la provincia. En algunos casos, el método empleado es sencillo aunque de trabajosa comprobación: contratos temporarios, de servicios o locación, por sueldos que oscilan entre los cinco y los ocho mil pesos semestrales, a través de distintos ministerios o direcciones. El corresponsal de una radio del interior de la provincia puede ser contratado como barrendero en el parque Pereyra Iraola, tarea a la que muy improbablemente se abandone en sus ratos de ocio. Pero no por eso deja de cobrar sus emolumentos.

A pesar de la retribución económica recibida, o de su directo nombramiento en el departamento de prensa de alguna de las tantas áreas del gobierno, en momento alguno estos periodistas han dejado de llevar a cabo sus funciones de corresponsales, es decir, de puente supuestamente objetivo y neutral entre el poder político —al que se han incorporado sotto voce— y los medios de comunicación a quienes representan.

13
Los elegidos

Como Menem, a menudo Duhalde culpa a la *partidocracia* de todos los males que padece y ha padecido el país. Cuando pronuncia esa palabra, en su boca asoma una mueca de desagrado, como si estuviera profiriendo un insulto. Porque no cree en los partidos políticos; son, a su juicio, estructuras decrépitas que únicamente causan problemas y entorpecen el crecimiento; forman parte de un tiempo pasado, producto de ideologías que ya no existen y que han conducido al país a una larga sucesión de fracasos y enfrentamientos.

Para Duhalde (un *"peronista biológico"*, según su propia definición de sí mismo) ahora tienen relevancia los hombres. O mejor: los nombres. A su lado quiere triunfadores, gente célebre. De cualquier especie, color y tamaño. Da lo mismo un médico, un deportista, un artista, un dirigente político o un cantante. Moderno concepto de la representación política que se torna indisimulable cuando debe elegir un funcionario o armar una lista de candidatos. En esos momentos, lo más sensato es mantenerse lejos de él, y sus amigos lo saben. Las intromisiones de allega-

dos lo irritan sobremanera. A nadie consulta. Tan sólo Bujía se atrevía a murmurarle al oído algún consejo. Muerto el Negro, ahora Duhalde se encierra solo y
examina las encuestas de imagen. Allí está la verdad,
dice. A cada uno de los hombres que pretenden pos-
tularse en algún municipio en nombre del duhaldismo, les exige guarismos certeros que respalden sus
deseos. *"Traéme una encuesta, explicáme cómo la hicieron, y ahi charlamos"*.

Cada tanto lo asalta el capricho de la frivolidad y
su mirada se dirige hacia aquellas personas conspi-
cuas y notorias que, intuye, despiertan el apego en
buena parte de la sociedad. Ordena entonces a su
equipo de comunicación social que se lance a la calle
para averiguar qué piensa la gente de ese personaje.
Luego, con los papeles en el escritorio, echa traba a
la puerta y permanece horas encerrado hasta que algo, algo que nadie conoce ni sospecha, y que sólo él
sabe explicar enseñando porcentajes y proyecciones,
le dice que ésa es la persona indicada. Entonces lo
beatifica. Eso es poder.

Fundándose en ese criterio, en 1993 le ofreció a
Guillermo Vilas un lugar en su lista de candidatos a
diputados nacionales; también intentaría convencer
a Antonio Tarragó Ros acerca de la importancia que
tiene para el peronismo su candidatura a la gobernación de Corrientes. Pero el tenista y el músico prefirieron mantenerse alejados de la política.

Desde luego, a partir de diciembre de 1991 ha sido sumamente generoso con sus amigos de Lomas
de Zamora. Hasta Horacio David Pacheco, médico de
cabecera de la familia Duhalde (que, por toda referencia, puede presentar el haber diagnosticado acertadamente algunas dolencias domésticas), fue agraciado con el Ministerio de Salud y Acción Social.
Rubén Miguel Citara, amigo del barrio, sucederá al
Pato Dellepiane en el Ministerio de Gobierno y Justi-

cia; ya se ha dicho que a Hugo Toledo le tocó el Ministerio de Obras y Servicios Públicos; Alberto Trezza es el administrador de la Unidad Ejecutora del Programa Ferroviario Provincial; Tavano intendente de Lomas; Giannettasio está al frente de la Dirección General de Cultura y Educación, y Daniel Castruccio, a causa de las gestiones del gobernador ante Menem, se hizo cargo de la secretaría de Asuntos Institucionales del Ministerio de Relaciones Exteriores.

Otros de sus conocidos pasaron por el gobierno sin mayor fortuna. Eduardo Quiñones fue ministro de Obras y Servicios Públicos, pero habría de alejarse a raíz de la investigación judicial que se inició por presuntas irregularidades cometidas en el uso del crédito que el gobierno italiano había otorgado para las obras de saneamiento del río Matanza. Duhalde, en aquel momento, optó por tomar distancia de su amigo: *"No pongo las manos en el fuego por ningún funcionario que esté investigado por la Justicia"*.

Suerte similar habría de correr su viejo amigo Enrique Pedro Gutiérrez. En 1984, Duhalde lo había designado secretario de Obras Públicas de la municipalidad de Lomas de Zamora; a partir de 1987, durante la gestión de Toledo, Quique fue presidente del Concejo Deliberante. En 1991, el gobernador lo nombró director de Personal y posteriormente de Transportes; sin embargo, encontrándose Gutiérrez ya en La Plata, concejales partidarios de Toledo promovieron una denuncia contra él por presunto cohecho (al parecer, en su época de presidente de la legislatura de Lomas, a cambio de dinero habría favorecido a la empresa de transportes Roca en la adjudicación de un recorrido en el municipio). A pesar de todo, el gobernador lo ratificó en la dirección de Transportes a lo largo de meses. Pero el lazo inquebrantable que unía a ambos comenzó a deshilacharse. El ocaso de Gutiérrez sobrevendría en diciembre de 1994. Enterado de que la Justicia estaba a poco de condenar a su amigo, a través de Toledo el gobernador le solicitó a Gutiérrez que renunciara silenciosamente. "El Negro te pide que des un paso al costado. Faltan pocos meses para las elecciones y no quiere aparecer pegado. ¿Entendés?", le dice el ministro.

Ahora, Quique pasa el tiempo administrando los campos que con sus salarios de funcionario público logró comprar en Brandsen. Cierto es que maldice a Duhalde en cada oportunidad que se le presenta. Pero lo hace sin perder la compostura. Imagina que el día menos pensado su amigo volverá a llamarlo para ofrecerle algún puesto.

Duhalde también demostraría ser misericordioso con sus viejos adversarios: luego de derrotarlo en la interna de 1991, entregó a Carlos Brown el Ministerio de la Producción. En realidad, el gesto del gobernador fue un nuevo episodio en su diestra política de absorción. En algunos casos sabe, y en otros supone, que a los dirigentes políticos les apetece incorporarse al poder sea como fuere. Así como lo hizo con Romá, con Brown y con Caporal, en su momento lo ha hecho con un puñado de dirigentes menores muy cercanos a Cafiero. Resultado: en el peronismo de la provincia apenas perdura un tenue recuerdo del cafierismo.

Digna de curiosidad es la obstinación de Duhalde con Nino Benvenutti. Conoció al ex campeón mundial de box en 1990, en la residencia de Olivos, durante una de las escapadas que el italiano había hecho a Buenos Aires para informarse acerca de la situación de su ex rival y amigo Carlos Monzón, condenado y preso por el asesinato de su mujer, Alicia Muñiz. Al igual que Benvenutti, Duhalde consideraba una tremenda falta de sentido común lo que la Justicia había hecho con un ídolo popular como Monzón.

Entre ambos floreció una repentina amistad, avivada y sostenida con el correr del tiempo a través de llamados telefónicos, algunos encuentros en Italia y las esporádicas visitas del italiano a la quinta Don Tomás. En octubre de 1992, inopinadamente y mediante un decreto, Duhalde resolvió nombrarlo representante del gobierno de la provincia de Buenos Aires ante la Comunidad Económica Europea. Su misión consistiría en "velar" por los intereses comerciales y políticos de la provincia en Europa. A pesar de que el gobernador asegura una y otra vez que el ex boxeador realiza su trabajo en forma ad honorem, en el artículo 4º del decreto de nombramiento se establece un estipendio para gastos de representación —"papelería, comunicaciones, correspondencia, transporte, y todos aquellos derivados de las tareas encomendadas"— que asciende a la suma de ocho mil dólares "anticipados mensualmente".

El decreto del gobernador causó dos reacciones. La primera de ellas fue un dictamen del Fiscal de Estado, Ricardo Szelagowski, quien formuló sus dudas acerca de "la idoneidad y capacidad" de Benvenutti para llevar a cabo tal tarea, y sugirió, además, que una misión de esa naturaleza debería "ser canalizada a través de las representaciones diplomáticas". La segunda corrió por cuenta de la Asociación Profesional del Cuerpo Permanente del Servicio Exterior de la Nación, que remitió una nota al canciller Guido Di Tella en la que juzgaba "una vergüenza" para el cuerpo diplomático argentino la designación de Benvenutti.

El alboroto ocasionado con la extravagante medida, condujo a Duhalde a anular el decreto y redactar otro, de tono más equívoco, en el cual se insiste sobre el carácter ad honorem de la designación del italiano, pero no se mencionan ya los gastos de representación. Pese a todo, al día de hoy Benvenutti continúa llevándose a su bolsillo ocho mil dólares por mes, dinero que puntualmente retira, en su lugar de residencia, Milán, de una de las ventanillas del Banco de Crédito Italiano, corresponsal en dicho país del Banco de la Provincia de Buenos Aires.

Con todo, Duhalde siempre ha profesado una notoria debilidad por tres hombres dentro de la esfera de los conspicuos: el ex juez federal Alberto Piotti, el ex comisario Luis Patti y el ex automovilista Carlos Alberto Reutemann. Su hondo afecto hacia ellos se basa, entre otras cosas, en las encuestas. Los tres aparecían continuamente con una imagen positiva que superaba largamente a la que podía concitar cualquiera de los dirigentes tradicionales del peronismo.

A Duhalde no le resultó fácil imponer la precandidatura de Reutemann a la gobernación de Santa Fe en 1991. En la Casa Rosada lo escucharon con azoramiento, a pesar de que por entonces, en Tucumán, el interventor federal Julio César Aráoz ya había puesto a andar su espléndida invención para detener el presuroso avance del ex dictador Antonio Domingo Bussi: el cantautor Ramón Bautista Ortega. ¿Por qué no probar suerte con Reutemann, un hombre sobradamente más formado y recto que Palito, al decir de Duhalde? Menem, por fin, lo bendijo. Reutemann no sólo triunfó: ahora, según asegura Duhalde, es el hombre que lo acompañará en la fórmula presidencial para los comicios de 1999.

De Piotti le atrajo su apariencia de hombre cabal e intrépido. Imagen que los medios de comunicación contribuyeron a magnificar. Desde la Semana Santa de 1987, luego de sus recordadas visitas a Campo de Mayo para intimar a los militares alzados, la popularidad de Piotti fue creciendo sin pausa; no había procedimiento ligado al narcotráfico donde la tostada cara del juez federal no asomara, serena y sonriente. Piotti en las tapas de diarios y revistas; Piotti en la televisión y en la radio; Piotti realizando allanamientos, ofreciendo conferencias de prensa o bailando en New York City. Piotti, en fin, se le impuso a Duhalde como una corazonada infalible.

En 1991 Piotti encabezó la lista de candidatos a diputados nacionales, y, años más tarde, en marzo de 1994, sustituyó a Eduardo Pettigiani en la Secretaría de Seguridad de la provincia. Pettigiani, ex juez también —en su juventud había pertenecido al grupo de extrema derecha Tacuara—, debió abandonar el cargo luego de una serie de denuncias sobre abusos policiales y persecución ideológica en escuelas y gremios de la provincia, singulares procederes que formaron parte de un informe sobre derechos humanos del Departamento de Estado norteamericano. No obstante, el incidente que apresuró su caída fue el asesinato del joven Walter Galeano, en Guernica, por parte de agentes de la policía provincial. A poco de asumir, Pettigiani había dicho a la prensa con el mayor de los convencimientos: "A cualquier persona que asome su cabeza en la provincia, se la pueden bajar a los tiros".

Como secretario de Seguridad, Piotti tiene a su disposición 650 mil dólares al año, a salvo de cualquier tipo de observancia contable, para emplear del modo que mejor le parezca. "Gastos reservados" es el nombre de dicha partida de fondos.

En cuanto a Patti, Duhalde reparó por primera vez en él a mediados de septiembre de 1990, cuando Miguel Angel Guerrero y Mario Bárzola —dos muchachos que habían sido detenidos en Pilar por intento de robo y violación— denunciaron que el policía los había torturado con picana eléctrica. El estudio anátomo-patológico realizado por los peritos comprobó que así había sido. Patti, por las dudas, buscó refugio entre amigos; anduvo prófugo un par de días y por fin se entregó el 4 de octubre en el juzgado del doctor Oscar Borrino, quien había ordenado su captura. Con suma naturalidad, el policía atribuyó la acusación a la malicia de los detenidos: según él, habían metido los dedos en un tomacorriente que había en la celda con el único objetivo de afectar su buen nombre.

Como Piotti, de la noche a la mañana Patti se convirtió en una singular estrella de los medios de comunicación, luego de que los vecinos de Pilar salieran a la calle para expresarle su apoyo y la prensa de todo el país se enfrascara en un animado debate nacional acerca de la conveniencia o no de torturar a los detenidos. Mientras tanto, Patti iniciaba un romance con la ex modelo Liliana Caldini, y, lentamente, a pesar de que se había forjado tanta fama debido a la comisión de un grave delito, adquirió una imagen de policía aguerrido y competente.

En realidad, la denuncia formulada por Bárzola y Guerrero se ajustaba perfectamente a lo que había sido, hasta ese momento, la tempestuosa vida policial de Patti: en 1975 lo habían acusado del asesinato de tres jóvenes en un metegol de la zona norte del conurbano; en 1976, el detenido Julio Di Battista lo acusó de haberlo torturado en una comisaría de San Isidro. En 1983, en un bar de Zárate, comandó el grupo de policías que, durante un presunto tiroteo, mató a los militantes peronistas Osvaldo Cambiasso y Eduardo Pereyra Rossi (los peritos oficiales, no obstante, pudieron corroborar que los cuerpos presentaban señales claras de haber sido golpeados, picaneados y atados con alambres; así como dictaminaron también que los disparos habían sido efectuados desde una distancia no superior a los cincuenta centímetros). En este caso, al igual que en los anteriores, fue sobreseído. Con dudas, por falta de pruebas, debido acaso a presiones políticas. Pero sobreseído.

Su nombre también integró la tenebrosa lista de represores denunciados a la Comisión Nacional sobre la Desaparición de las Personas (CONADEP), con el legajo 2530: "Patty o Patti, (a) El Loco. Oficial integrante de sección o grupo en la comisaría de Tigre". En uno de los párrafos del legajo, se asegura que "a esa regional iban a parar los detenidos en las escuelas secundarias, y de ellos se ocupaba Patti".

A pesar de tales antecedentes, Duhalde no lo dudó. Durante el episodio de Pilar le expresó su solidaridad a través de un llamado telefónico, y tiempo después le hizo ver a Menem que el policía era la persona idónea para resolver con prontitud el enigma del asesinato de María Soledad Morales. El 10 de enero de 1991 Patti partió de prisa hacia Catamarca a esclarecer el caso. Al cabo de cuarenta y cinco días regresó con la misma celeridad con que se había marchado y sin haber añadido siquiera un dato de valía a la investigación.

Caldini lo abandonó y, durante meses, la cara de Patti dejó de ocupar los medios de comunicación. El destino volvería a convertirlo en noticia en el invierno de 1992: en una confitería de la zona norte del gran Buenos Aires, dos ladrones de poca monta le robaron la billetera y el arma reglamentaria.

La Justicia provincial, en tanto, continuamente presionada por Duhalde y el vecindario de Pilar, mostró una conducta errática respecto de la causa contra Patti. Borrino, recusado por el policía, dejó la causa en manos del juez Juan Carlos Tarsia, que decidió dictar el sobreseimiento debido a la falta de pruebas fehacientes. La Cámara de Apelaciones de San Isidro, sin embargo, revocó la medida, devolvió el expediente a Tarsia y le ordenó acelerar el procedimiento para dictar nueva sentencia. Pero el juez poco y nada hizo. Una morosidad injustificada que, el 24 de noviembre de 1995, obligaría a la misma Cámara a declarar extinguida la acción penal por prescripción y a dictar, por tanto, la absolución del policía. Quince días más tarde Patti debía asumir el cargo de intendente de Escobar, hazaña que había alcanzado en el comicio de mayo de aquel año al obtener el sesenta por ciento de los votos. Duhalde, desde luego, había apadrinado su candidatura.

El fallo, sin embargo, en pasaje alguno deja entrever la inocencia de Patti; por el contrario, los peritajes y testimonios reunidos aproximan más al policía hacia la culpabilidad.

14
Fútbol, ruleta y tragamonedas

—*Es una joda lo que está pasando. ¿Mi provincia va a recaudar veinte millones de pesos por año con los casinos? Tendrían que dejar cuatrocientos. En La Pampa dejan cuarenta millones. Y la mía es la provincia que juega, la que tiene un montón de casinos. Ya no va nadie al casino. ¿Por qué? Porque el tipo de casinos que tenemos acá no existe más. Uno va a cualquier casino del mundo y está lleno de máquinas. Los chicos no entienden de juegos de cartas; el juego de cartas es de mi generación. La juventud no va a jugar ruleta o cartas al casino, quiere máquinas tragamonedas.*

Parece exaltado. Agita los brazos, se lleva una mano a la cabeza. No parece un gobernador. Habla con el apasionamiento de un jugador. Siempre le ha gustado el juego. Pero lo suyo es tal vez más doméstico. Mus, truco, póquer, ajedrez. Cuando pierde, se pone morado de la bronca, echa maldiciones y a los gritos exige otra oportunidad; en especial si el asunto viene de naipes, porque allí es por dinero. En tiempos de la última dictadura, en los bares de Lomas de Zamora donde solía gastar las horas y buenos puñados de billetes, probó suerte incluso con el dominó.

Pero difícilmente lograba salir airoso de alguna partida. Lo dejó.

Ahora su tema son los casinos. Le causa un visible trastorno. Pero en parte ha logrado aliviar tanto disgusto.

Mediante un decreto firmado el 9 de septiembre de 1995, la provincia reasumió "la administración y explotación de los casinos autorizados en su jurisdicción". Una medida que le ha permitido a Duhalde dar el primer paso: la instalación de 1.200 máquinas tragamonedas en el casino de Mar del Plata, para que la juventud pueda entretenerse.

La empresa favorecida ha sido IGT —International Game Technology— y en el contrato, por cuatro años, se ha previsto la instalación de 4.200 máquinas en toda la provincia; una inversión de cuarenta millones de dólares que, sin embargo, la empresa norteamericana habrá de recuperar con creces y en contado tiempo: según el acuerdo, cada veinticuatro horas IGT llevará a sus bolsillos el cinco por ciento de los 2.940.000 pesos diarios que, se estima, recaudarán las máquinas. Es decir, 4.410.000 por mes. En poco menos de un año, IGT habrá justificado la inversión. A partir de entonces, todo será continuo y copioso provecho.

Rosa Mateo, directora comercial de la firma española SCB/CIRSA —empresa que asesoró a los propietarios del Bingo Lavalle y explota el ochenta por ciento de los casinos que funcionan en España— le había formulado a Duhalde una proposición sin dudas más ventajosa: el tres por ciento diario. Pero el gobernador no tuvo en cuenta a los españoles y se inclinó por IGT. ¿Por qué? Porque su propósito de privatizar los casinos, construir uno en el Tigre, llenar la provincia de máquinas y ser amable con los hombres de IGT, no es novedoso. Es una idea que lo persigue con vehemencia desde hace años, por razones económicamente atendibles, y cuya historia se remonta a los últimos meses de 1993:

Luego de la victoria del oficialismo en el comicio legislativo, y con anterioridad al Pacto de Olivos, había llegado al país una comitiva de los grupos norteamericanos Mirage Resort Incorporated y Enterprise Incorporated para conversar con el gobierno nacional acerca de futuros negocios. El Mirage no era desconocido para el gobierno; aliado a la compañía británica Universal Casinos Consultants, ya se había adjudicado la concesión del casino de Puerto Iguazú. Ahora, sin embargo, el grupo exhibía con orgullo los buenos frutos que le había proporcionado su casa de juegos de Las Vegas durante el año 1993: seiscientos cincuenta millones de dólares, es decir, doscientos cincuenta millones más de lo que habían recaudado todos los casinos argentinos en idéntico lapso. Una tremenda diferencia.

Menem le encomendó al gerente de casinos de Lotería Nacional, Nicolás Dafnos, que hablara con los extranjeros para estudiar la factibilidad de instalar un casino en la Capital Federal. Al cabo de una serie de charlas con Duane Bellmore, asesor del Mirage en la Argentina, Dafnos le acercó a Menem un informe alentador en extremo. Y también singular, pues en el último párrafo el funcionario se tomaba la libertad de citar al matemático Blas Pascal: "Dadle al hombre dinero para vivir, quitadle la posibilidad de jugar, y será desdichado".

Al decir de Bellmore en el informe, una sala de juegos en la capital podría dejarle al gobierno no menos de trescientos millones al año en impuestos. Un ingreso que sería sencillo triplicar autorizando la instalación de máquinas tragamonedas. Ese era el secreto: atiborrar no ya el casino, sino también bares, pizzerías y shopping-centers, con esas ingobernables máquinas que tragan y tragan dinero y, de vez en cuando, para incitar aún más al jugador, devuelven una porción de sus ganancias.

Menem no se detuvo a pensarlo. Preparó una sesuda lista de argumentos para esgrimir en defensa de su decisión —el país percibiría una inversión de 280 millones de dólares; se crearían siete mil fuentes de trabajo—, y se apresuró a promover la construcción de un casino en la Capital Federal, a través del decreto 902. En su imaginario ya lo había erigido: a metros de Retiro, atrás del terreno donde funcionaba el Ital Park. Pero la carrada de críticas que recibió (desde la Iglesia, las ligas de amas de casa, los partidos de la oposición, e incluso algunos dirigentes del oficialismo), echó por tierra el capricho. El del Presidente, porque el de Duhalde, el de privatizar los casinos de la provincia y diseminar máquinas tragamonedas por todos los lugares de esparcimiento provinciales que se mostraran interesados, no se desvaneció. Muy por el contrario.

El gobernador convocó para ello a Jorge Omar Rossi, presidente del Instituto Provincial de Lotería y Casinos, y dejó en sus manos las negociaciones. Rossi (propietario de un gran campo en San Vicente, contiguo al de su amigo Duhalde), conversó con Bellmore y luego intercambió una serie de faxes con Bruce Levin, vicepresidente de asuntos legales del Mirage. Se acordó así una visita de Levin a Duhalde, en la quinta Don Tomás, en el verano de 1994. Aunque estaba enfrascado a pleno en la campaña para las elecciones de convencionales de abril, Duhalde se hizo un espacio en la agenda para atender al norteamericano. Levin le formuló sin rodeos la propuesta: si el gobernador privatizara los casinos y le entregara a Mirage la explotación de las máquinas tragamonedas en todo el territorio de la provincia de Buenos Aires, el grupo haría un generoso aporte para "programas sociales" de treinta millones de dólares.

A pesar de los continuos consejos de los hombres de la Drug Enforcement Administration (DEA) y de diversos funcionarios —quienes aseguran que los casinos al estilo Las Vegas propician el lavado de los dólares que alumbra el narcotráfico— el gobernador aceptó. Es que había demasiado dinero en juego; por lo demás, sus amigos Héctor Lence —propietario del Hotel-Casino Sasso en sociedad con el gobernador— y José Luis Pardo, vicepresidente del Banco Mariva, habían caído en la cuenta de que alguna tajada conseguirían, razón por la cual no dejaron de alentarlo en la empresa.

En el segundo fin de semana de enero de 1994, Duhalde y Lence se reúnen en la Casa Histórica de Villa Gesell con los intendentes de seis partidos de la costa, encabezados por Antonio Altieri, de Pinamar. Es imprescindible obtener respaldo político. Durante el encuentro, el gobernador hace hincapié en el plan de privatización de los casinos de la provincia y, en especial, en la necesidad de incorporar máquinas tragamonedas. Las cifras que ofrece Duhalde son por demás seductoras: sólo quinientas máquinas instaladas en los balnearios pueden producir un ingreso jamás inferior a los veinte millones de dólares por temporada. Todos los presentes celebran su buena visión para los negocios.

Pocas semanas antes de cerrar el reservado acuerdo con la gente de Mirage, Rossi recibió la imprevista visita de dos representantes de IGT. Durante uno de sus habituales viajes a los Estados Unidos, Mércuri les había hecho saber del profundo interés del gobernador en el tema tragamonedas. Los norteamericanos se reunieron con Rossi y Duhalde en San Vicente, y, tras exponer un proyecto similar al de Mirage, prometieron un obsequio simplemente inestimable: cincuenta millones de dólares. Además, se harían cargo de los costos que comportara la refacción del casino de Mar del Plata.

Duhalde volvió atrás en el acuerdo que había bosquejado con Mirage, comportamiento que dejó sin habla a Bruce Levin, y sin pensarlo en demasía acordó con IGT.

Entretanto, Rossi se sumergió en conversaciones con importadores y representantes argentinos de empresas dedicadas a la venta o alquiler de máquinas tragamonedas, de black-jack y póquer: el tucumano José Osvaldo Echavarría, que había obtenido la concesión de dichas máquinas en Salta, y Gerardo Aira, de Maquín S.A., entre otros. Los mismos hombres que en noviembre de 1994 asistieron a la Segunda Exposición Sudamericana de Material para Casinos y Bingos, en el Hotel Sheraton. Allí, con el auspicio de Lotería Nacional, los fabricantes internacionales de tragamonedas, ruletas electrónicas, videopóquer, repartidoras de barajas, fichas para casinos y equipos para Bingo, reflexionaron a lo largo de cuatro días acerca de "la potencialidad de la Argentina como inmenso mercado"; esbozaron un perfil del jugador argentino y concluyeron, de modo acaso vago y arbitrario, que el "jugador compulsivo" no es más que una invención de los psicoanalistas y moralistas que ven en el juego "algo malo". En aquellos salones del Sheraton volvieron a encontrarse Rossi, Bellmore, Dafnos y los hombres de IGT. Y el tema de la charla, ahora, fue la privatización de los casinos.

Habían llegado tarde: la Convención Constituyente de la provincia, que había cerrado sus deliberaciones dos meses atrás, le estropeó la fiesta al gobernador. En el artículo 37 de la nueva Constitución, aprobado con el voto mayoritario de los partidos opositores y resistido con energía por los duhaldistas, había quedado establecido que el Estado provincial "se reserva la explotación de las salas de juego existentes o a crearse". Un artículo que sacó de quicio a Duhalde y lo movió a ensayar un último manotazo: la presentación de un pedido de inconstitucionalidad ante la Justicia. Escrito que la Corte Suprema habría de rechazar.

—*Los de la oposición hablan por hablar. No entienden. Dicen que un casino privado es un negocio ideal para el narcotráfico. Pero no saben que el casino hoy, como está, es un paraíso para que cualquier tipo pueda lavar plata: no sólo de la droga, sino de cualquier cosa. Porque no hay ningún control.*

Habla y se perturba como un jugador empedernido. No sólo cuando se refiere a los casinos. El fútbol lo enajena y con frecuencia lo lleva a usar el helicóptero o el avión de la gobernación para seguir los pasos de su equipo, Banfield, por todo el país.

Al fútbol le ha entregado tiempo y dinero. Gracias a un decreto municipal que en 1993 le hizo firmar al intendente Tavano, el seis por ciento de la recaudación del bingo de Lomas de Zamora tiene como destino la cuenta corriente de Banfield. Setenta, ochenta mil dólares al mes. Medida no muy caballerosa, porque los clubes Temperley y Los Andes, también de la zona, no reciben un mísero centavo.

Asimismo, y en sociedad con Chicho Pardo, el gobernador ha comprado algunos jugadores para el club, como Javier Zanetti y Angel David Comizzo. Las ceremonias de firmas de los contratos se efectúan generalmente en las oficinas que Pardo tiene en el Banco Mariva, en la calle San Martín. Guido Alvarenga fue el último jugador cuyo pase adquirieron Pardo-Duhalde.

La reputación que Duhalde se ganó como hacedor de los negocios de Banfield ha llegado al extranjero. En agosto de 1995, un estudiante norteamericano de periodismo llamado Brant Wahl, de la Universidad de Chicago, resolvió aventurarse por los pasillos del club de Lomas de Zamora con el propósito de observar el desarrollo de las elecciones para elegir las nuevas autoridades de Banfield. Wahl estaba trabajando en su tesis de doctorado acerca de las relaciones entre el fútbol y el poder político en Sudamérica.

Sus dificultades para hilvanar un par de frases en español, y la naturaleza de las preguntas que formulaba, avivaron las sospechas de Carlos Tempone (secretario privado del gobernador y ex tesorero de Banfield) y otros hombres del club que el estudiante intentó entrevistar. El norteamericano únicamente quería saber cuánto dinero había invertido Duhalde en el club; si era cierto que la sola palabra del gobernador podía conducir a la contratación de un jugador o a la caída de otro; si los gastos que comportaba el uso del helicóptero oficial para asistir a un partido corrían por cuenta de Duhalde o salían de la gobernación.

No logró averiguar mucho. Lo rodearon, lo acusaron de agente de la CIA, acaso enviado de la DEA, y con escasa amabilidad le solicitaron que continuara su trabajo en la vereda.

15
El año del Muñeco

Pierri no era tan astuto y eficaz como Bujía. Era, quizá, un poco lerdo y parco. Y a veces intemperante; en más de una oportunidad perdía los estribos y trataba al Pelado Mércuri o al Negro Toledo como a los gerentes de su empresa papelera. Pero de Bujía, sin haberlo conocido en sus mejores años, parecía haber heredado Pierri esa capacidad inigualable para hacerse cargo de los negocios turbios y para ser la voz del jefe cuando el jefe quería decir algo que no era apropiado que saliera de su boca. Negocios oscuros: por ejemplo, acordar con los directores del Mercado Central la contratación de grupos de choque para las caravanas de la Liga Federal. La voz del jefe: caer de sopetón en cualquier distrito, debidamente acompañado por los "muchachos del Central", y hacerle saber a tal o cual dirigente que esas cosas no se hacen porque el jefe se enoja y todos sabemos cómo termina ésto. Mensajes cifrados: el arte que mejor manejaba Alberto Pierri.

El gobernador había encontrado en él al hombre que andaba buscando desde la muerte de Bujía. Un perdedor con irreprimible sed de victoria: en 1985 y

1987, representando al cafierismo, y a pesar de haber enviado una carta de su puño y letra a cada uno de los afiliados peronistas del distrito, Pierri había perdido de modo bochornoso las internas en La Matanza frente al caudillo Federico Russo; en 1985, días después de la derrota, se apareció en las oficinas de Cafiero con cuatro fardos de cartas. "¿Ve, Antonio? Por esto perdí, porque las direcciones estaban mal y el correo me devolvió todas estas cartas", se justificó.

Pierri, un hombre desprovisto de juicios propios acerca de la vida, la muerte, el fútbol o el sexo. Un hombre fiel, obediente y reservado que comenzaba a sonreír antes de que su interlocutor finalizara la frase. Un hombre que formulaba preguntas sin importarle las respuestas.

Duhalde, además, sabía cómo satisfacerlo: otorgándole un poder ficticio; asegurándole (como había asegurado a Carpinetti, y como habitualmente vaticinaba a Toledo, a Mércuri, a Galmarini o a Tavano) que un buen día sería gobernador de la provincia de Buenos Aires; diciéndole que día tras día su buena imagen se fortalecía en la provincia, cuando en las encuestas raramente superaba el ocho por ciento.

Pierri profesaba una admiración incondicional por Duhalde. Y Duhalde, a medida que el Muñeco crecía y los medios de comunicación lo cercaban y era reelecto como presidente de la Cámara de Diputados de la Nación, se preguntaba:

—*¿Cómo hice yo para inventar a este idiota?*

A gritos se lo preguntaba. Cuando hablaba con Trezza, cuando se encontraba con Tavano, cuando en la quinta Don Tomás juntaba a toda la barra de Lomas pero a Pierri, por esas cosas que tienen los teléfonos, que funcionan de a ratos y de a ratos no, no lo invitaba.

El Muñeco, sin embargo, era su nueva mano derecha. Porque Duhalde aprecia la lealtad tanto como las encuestas. Fidelidad, sumisión y recato, por sobre todas las cosas recato. Atributos que Duhalde considera esenciales a la hora de premiar o castigar a sus allegados y amigos.

Por eso, cuando en abril de 1993 prepara la lista de precandidatos a diputados nacionales para la elección interna del justicialismo, no duda siquiera un instante en colocar a su buen servidor en primer término. El adversario de turno es Juan Carlos Rousselot. Y Duhalde se ha propuesto demolerlo.

Es que Menem ya ha instalado en el país el debate acerca de una reforma de la Constitución que contemple la reelección, y, frente a la posibilidad de que el deseo del Presidente no llegue a buen puerto, Duhalde entiende que lo mejor es guardar una prudente distancia con el menemismo y mantenerse al acecho. El intendente de Morón, en cambio, es el más rabioso de los menemistas del conurbano; golpearlo duro equivale a un discreto pero franco desaire a los que promueven esa reelección que a Duhalde tanto irrita.

"*El tiempo del Turco se terminó. Ahora volveremos los peronistas*", les repite una y otra vez a sus amigos de Lomas. Es una vida agitada la de Duhalde en aquellos días. En tanto realiza la campaña para el comicio interno, a espaldas de Menem comienza a sentar las bases de un acuerdo político con Cavallo, el hombre que de manera impensada le ha brindado todo su apoyo para inventar el Fondo del Conurbano. Cavallo le cae bien. Cierto es que tiene una grave propensión a estudiar la vida de las personas como si fueran fracciones de un todo, a confundir la economía con la realidad. Pero ha puesto las cosas en orden: ha detenido la inflación y, mérito sustancial, cuenta con una buena imagen en las encuestas que el gobernador maneja.

En marzo de 1993 ambos funcionarios se reúnen en la lujosa casa de Pierri, en la calle Larroque, de

Lomas de Zamora. (Hombre especial, Pierri. Que vive en Lomas pero lidera al justicialismo de La Matanza porque allí tiene su papelera, su radio FM y su canal de cable).

Cavallo y Duhalde trazan, a lo largo de esa reunión, las líneas generales de un acuerdo con el objetivo de llegar conjuntamente a la presidencia del país si el afán de Menem se desmorona. Cavallo acepta ser el candidato a la vicepresidencia. Días después vuelven a encontrarse, ahora en el departamento del gobernador y acompañados de sus mujeres, Chiche y Sonia. La mesa, al cabo de la cena, se convierte en un improvisado escritorio. Papeles por todas partes. Cavallo no oculta su sorpresa y admiración ante las decenas de encuestas sobre evolución de imagen que le exhibe Duhalde; el ministro aparece, en la Capital Federal y en el Gran Buenos Aires, con un promedio del dieciocho por ciento de menciones positivas; Duhalde supera el cuarenta por ciento. El gobernador no puede reprimir una exclamación de sorpresa cuando Cavallo deja caer en la mesa sus proyecciones económicas. "Según mis cálculos", dice Cavallo, "en 1994 la inflación anual no va a superar el tres por ciento. El índice más bajo en los últimos cincuenta años, Eduardo. Solamente un burro podría perder una elección con estas cifras".

El hacedor de la estabilidad —logro que a esa altura se ha convertido en un fetiche para los argentinos— y el dueño de los votos de la provincia de Buenos Aires convienen entonces comenzar a difundir la fórmula, aunque de modo sigiloso y prudente; que la sociedad y el mundillo político vuelquen los ojos hacia ellos, y, paulatinamente, entiendan que allí tienen una salvadora opción para 1995, si la intención de Menem fracasa en el camino; Duhalde desea con vehemencia que fracase; la perspectiva de aguardar hasta 1999 no le agrada mucho. Cavallo, en cambio, encuentra en ese furtivo acercamiento a Duhalde la posibilidad de asegurarse la permanencia en el poder, sea cual fuere el desenlace de los hechos.

Guillermo Seita, jefe de gabinete de Cavallo y uno de sus asesores más activos, es el hombre escogido para llevar a cabo la selectiva divulgación del acuerdo. Pero la indicación es clara: debe brindarle el carácter de versión, de habladuría, si le parece. Duhalde sólo quiere hacerle llegar un preciso mensaje a Menem y observar las reacciones que provoca la noticia en la sociedad; oportunamente su equipo de comunicación social y la diligente María Laura Leguizamón le enseñarán los resultados en nuevas encuestas. En cuanto a Cavallo, el gobernador únicamente está empleando el nombre del ministro, cosa que en momento alguno le deja entrever, por supuesto.

El vínculo de Seita con los medios de comunicación, diarios sobre todo, es magnífico. Con su charla encendida y amable ha conseguido tejer una estupenda relación con los columnistas políticos de *Clarín* y con un par de redactores de *Página/12* y *El Cronista Comercial*; en más de una ocasión ha logrado orientar ciertos artículos editoriales en la dirección que el poder político pretende; en sus encuentros de bar con los amigos periodistas, ha sabido incluso promover notas de tapa.

Astuto, Seita sabe que no pocas veces los periodistas políticos, de tanto fatigar los despachos del poder, son víctimas de un espejismo que los mueve a creerse parte del poder; de modo que son capaces de enorme credulidad con tal de obtener una primicia, un presunto diálogo de gabinete, para ganar prestigio entre los lectores y frente a los jerarcas del medio.

El joven discípulo de Cavallo, pues, se entrega a su trabajo. Y lo hace con tanta habilidad que, en pocos días, la versión llega a las redacciones y a los oídos del Presidente.

Menem, fuera de sí, convoca a Cavallo a su despacho. "Pero Carlos, ¿cómo podría yo hacerte una cosa así?. Son maniobras de algunos periodistas que pretenden avivar una interna", dice el ministro. Respuesta similar le ofrecerá Duhalde: *"Son intrigas que siembran la oposición y los medios para enfrentarnos, Carlos".*

Entretanto, el gobernador se consagra a la campaña. A mediados de mayo, veinte días antes del comicio interno, estrena el "Duhaldemóvil" durante un viaje proselitista a Junín. El vehículo, invención y producción del Ronco Lence, es una confortable casa ambulante; habitación con cama doble; baño con ducha; cocina, y living equipado con bar americano, televisión y video.

El gobernador recorre sin pausa los principales distritos de la provincia. El apoyo que a su paso le manifiesta la gente es inusual; las personas se precipitan sobre el imponente vehículo; quieren tocar y besar al gobernador; a los gritos le suplican favores. Un apasionamiento que el 6 de junio, en la interna, se volcará en los números: la lista que encabeza Pierri obtiene el 92,7 por ciento de los votos; Rousselot se queda con el resto. Es la victoria más impresionante que ha conseguido en una interna desde sus inicios en la política, allá por 1970.

Duhalde llega a la conclusión de que el peronismo de la provincia le pertenece. Y que lo apoyará sin reparos cuando él se lo proponga. Los cánticos que se escuchan esa noche en la Casa Justicialista de Lomas de Zamora, en la calle Gorriti al 700 —predio valuado en 200 mil dólares, a cuya compra Duhalde contribuyó con dinero de su bolsillo—, lo llevan a comprender, por lo demás, que su mensaje cifrado al Presidente ha llegado a destino: "¡Es para el Turco que lo mira por tevé!"; "¡Duhalde presidente!".

El gobernador está exultante. ¿Qué importancia

tiene que Menem continúe tramando su reelección? Para lograrlo de manera legítima, con consenso, deberá alcanzar un acuerdo con el radicalismo. Y a Duhalde, al menos esa noche, le parece improbable que semejante cosa suceda. ¿Cómo podría Alfonsín pactar con un gobierno al que habitualmente tacha de fascista y autoritario? No, no será posible.

Alentado por el triunfo frente a Rousselot, resuelve poner sus pies en cada uno de los rincones de la provincia. En el Duhaldemóvil, montado a un caballo, trepado a un camión repartidor de soda. Todo sirve. El propósito es exhibirse, mostrarse ensopado en sudor, dejar en claro que su modo de hacer política está muy lejos de la pomposidad y frivolidad que caracterizan a los hombres del menemismo.

El 16 de julio, luego de haberse entregado por completo a la campaña para las elecciones legislativas del 3 de octubre, parte con su familia hacia la Isla Margarita, en el Caribe, frente a la costa venezolana. Reposo que habrá de durar diez días.

A su regreso vaticina que el peronismo vencerá a la UCR en la provincia por una diferencia de un millón de votos y encabeza la interminable Caravana de la Victoria, que lleva a cabo el sábado 14 de agosto por los barrios de La Matanza. Se lo ve dicharachero, sonriente, tostado por el sol; besa a las madres y alza en los brazos a los bebés; de pronto, provocando flor de revuelo entre sus custodios, abandona el camión que lo conduce por la avenida Cristianía y con sumo esfuerzo se aventura sobre el lomo de un caballo que un gaucho de verdad le ha acercado. La gente delira; desde el camión, Pierri y Mércuri aplauden y luego abrazan con fuerza al gobernador cuando éste regresa al vehículo, prácticamente llevado en andas por la vigorosa barra de "los muchachos del Central", como puede leerse en las camisetas blancas y verdes de la custodia.

Pierri y Mércuri no intercambian una sola palabra; apenas miradas ceñudas. Así como Duhalde tiene la cabeza puesta en el comicio presidencial de 1995, ellos han empezado ya a pensar en la sucesión. Quieren que el anhelo del gobernador se cumpla, y de tal manera tener las puertas abiertas del gobierno de la provincia. Una pugna que ha comenzado en sus propias narices: a medida que la caravana avanza, los hombres del Muñeco destrozan las banderas que dicen "Duhalde-Mércuri"; la gente del Pelado hace lo mismo con las que rezan "Duhalde-Pierri". El Negro Toledo, también agazapado aguardando su hora, ha preferido quedarse en casa.

La primera noticia de que en la Sociedad Rural están ocurriendo cosas raras la recibe Roberto Alvarez, jefe de Prensa de Pierri, a través de su teléfono celular. "Unos tipos están agrediendo a los periodistas en la Rural", le dice con preocupación Alvarez a Pierri. Pero en la cara del Muñeco no se advierte ninguna señal de inquietud; por el contrario, asoma un gesto de satisfacción, algo así como una sonrisa chueca. Se aproxima a Duhalde y, casi a los gritos —el bochinche de los bombos, los altavoces y los petardos torna casi imposible cualquier conversación— le dice: "Empezó el despelote, empezó el despelote en la Rural". El gobernador se hace el desentendido y con disimulo se lleva el dedo índice a la boca: recato, silencio. De eso mejor hablar en otro momento.

"Empezó el despelote..."

¿A qué despelote se refiere Pierri? ¿Cómo sabía que iba a *empezar* un despelote en la Rural? De hecho, en la ruidosa caravana había muchas personas que lo sabían, entre ellas Duhalde y el propio Pierri. ¿Alguien podía responsabilizarlos por dichos incidentes, hallándose como se hallaban a treinta kilómetros de distancia? Semanas antes, cuando discutían acerca de la fecha más conveniente para realizar la caravana, Duhalde se había obstinado en llevarla a cabo el día 14, y no el 21, como le aconsejaban sus allegados. Ahora podían comprenderse las razones que habían movido al gobernador a emperrarse con esa fecha.

Ese sábado 14 el presidente Menem había concurrido al predio de Palermo para inaugurar la exposición anual de ganadería que suele realizar la Sociedad Rural. Los hombres del gobierno temían que desde las tribunas, con silbidos o gritos insultantes, les estropearan el acto, razón por la cual, en los días previos, tres personajes estrechamente ligados al menemismo habían juzgado oportuno reunirse para ver cómo evitarle el mal trago al Presidente: Eva Gatica, asesora presidencial; Matilde Menéndez, presidenta del PAMI, y Alberto Brito Lima, líder del Comando de Organización (C. de O.), célebre grupo de la extrema derecha peronista. Menéndez propuso movilizar a sus muchachos de la agrupación Ramón Carrillo; Brito Lima prometió llevar una banda de muchachos del C. de O.; Gatica, por fin, anunció que concurriría debidamente acompañada por militantes de La Matanza, donde ella realizaba trabajos sociales.

Los duhaldistas, entretanto, habían urdido lo mismo aunque con ánimo muy diferente. Se proponían aguarle la fiesta al Presidente, provocar algún escándalo que a la mañana siguiente ocupara las primeras planas de los diarios. La discrepancia entre una noticia y otra sería provechosa políticamente y ayudaría a Duhalde a trepar un peldaño más en su camino hacia 1995: incidentes en la Rural, pacífica y multitudinaria Caravana de la Victoria en La Matanza.

El gobernador dejó librado al buen criterio de Pierri la organización del altercado.

El presidente de la Cámara de Diputados puso en marcha el mecanismo que solía echar a funcionar cuando de patotas se trataba. Buscó los servicios de Andrés Bevilacqua, su mano derecha en el Parlamento, y de Raúl Leguiza, jefe de la seguridad personal de Pierri y uno de los seis directores del Mercado Central. Dos hombres laboriosos que con un simple chasquido de dedos podían reunir decenas de patoteros.

Bevilacqua había sido durante dos décadas el número dos de Alberto Brito Lima en la estructura militar del Comando de Organización, pero su incorporación al pierrismo había culminado en una violenta pelea con Brito Lima. Leguiza, designado director por Duhalde, era el hombre más poderoso que Pierri tenía en el Mercado Central; ex changarín, se ocupaba del reclutamiento de trabajadores del lugar para conformar los grupos de choque que la Liga Federal acostumbraba contratar para sus actos.

Así las cosas, la patota menemista se encontró con la duhaldista ya en la entrada del predio de la Rural. Una escena sin duda entretenida. Dos bandas de tipos fornidos y sin escrúpulos dirigiéndose al mismo lugar, con idéntica misión, es decir, ponerse a sopapear, pero con objetivos políticos totalmente contrarios. Los muchachos se conocían. Cruzaron miradas llenas de recelo, pero nada se dijeron. Sólo Néstor Acosta, (a) Piqui, hombre de Pierri, se atrevió a intercambiar un par de palabras con su viejo amigo Oscar Maldonado, que había llegado allí por orden de Matilde Menéndez.

—¿Qué andás haciendo vos por acá? —quiso saber Acosta.

—Qué sé yo. Lo mismo que vos, me imagino.

Bastó que un desavisado se pusiera a silbar para que se desatara el alboroto; los menemistas se precipitaron sobre el que había silbado y también sobre quienes se les interponían en el camino. Los duhaldistas, menos criteriosos, comenzaron a cachetear periodistas, curiosos y personal de seguridad de la Rural.

La caravana no había recorrido aún la mitad de los 38 kilómetros que tenía previsto recorrer, cuando Alvarez se acercó nuevamente a Pierri y le dijo:

—Metieron presos a tres de los agresores.

Ahora, en la cara del Muñeco no floreció ninguna sonrisa. Lo asaltó una ansiedad que, minutos después, cuando el dinámico Alvarez le reveló el nombre de los detenidos, se convirtió en honda preocupación: Piqui Acosta, Lelio Hugo Costa y Eduardo Horacio Correa. El Muñeco hizo memoria: Piqui es hombre suyo; Costa responde a Bevilacqua, que no es lo mismo pero es igual. Como en tantas otras ocasiones, le correspondería al periodismo descubrir y hacer públicas las conexiones entre los patoteros de la Rural y el poder político. Todos los indicios condujeron de inmediato al Mercado Central. Los artículos periodísticos señalaban a Pierri, Leguiza, Brito Lima, Bevilacqua, Matilde Menéndez y compañía como los organizadores de las patotas. El gobierno, en cambio, hablaba de "campaña orquestada" y de "delincuencia periodística". Los implicados directos, en cambio, se movieron de inmediato: ordenaron agredir en dos oportunidades a uno de los periodistas que investigaba el tema. El Presidente atribuyó todo el episodio a los "gajes del oficio" pero adoptó una medida que contradecía sus propias palabras: el 9 de septiembre intervino el Mercado Central.

¿Para qué intervenirlo si, como había dicho el propio Menem días antes, las denuncias contra los hombres del oficialismo no eran más que pura invención periodística?

Pero la intervención se asemejó más a una ocurrencia de mal gusto que a un serio afán de llevar adelante una investigación rigurosa. Porque el hombre elegido para hacerse cargo de tamaña responsabilidad no fue otro que el mismísimo comisario Patti.

Como había sucedido con el caso María Soledad, una vez más era Duhalde quien había sugerido el nombre del policía a Menem.

Patti se instaló con cama adentro en el quinto piso del Mercado y anunció que no saldría del edificio hasta haber agotado las pesquisas sobre todas las personas denunciadas en las investigaciones periodísticas. Tendría dos interlocutores permanentes: Pierri, que al menos dos veces por mes visitará el Mercado, y el comisario Mario Rodríguez, más conocido como "Chorizo". Rodríguez, jefe de la Brigada de Investigaciones de La Matanza, tenía varias cosas en común con Patti: su nombre aparecía mencionado en diversos procesos judiciales. Al decir de los testimonios de changarines y ex agentes de la comisaría 7ª —que funciona en el interior del predio del Mercado—, Chorizo sería el encargado de disponer el circuito de coimas que existe en el Mercado y actuaría además como encargado de la profusa circulación de drogas que allí se observa a diario. En el Juzgado Federal Nº 2, de Morón, hay todavía una causa abierta donde Rodríguez aparece involucrado en éstos y otros delitos.

16
La gauchada de Alfonsín

Los Visconti desafinaban. Cantaban La Pomeña a los aullidos, como un puñado de viejos lobos en pena. Pero a su favor tenían que nadie reparaba en ellos. Los hombres que se habían reunido en la parrilla El Mangrullo, en Ricchieri y Camino de Cintura, estaban en otra cosa, algo mareados por el alcohol y enfrascados en una celebración política que parecía interminable. Razones no les faltaban. La lista que encabezaba Pierri había obtenido el cuarenta y ocho por ciento de los votos, superando por más de 1.300.000 a la UCR, y, al día siguiente del comicio, Duhalde se había hecho cargo de la presidencia del Consejo Nacional del Partido Justicialista. Festejo doble con pocos invitados: el gobernador, Pierri, Fernando Galmarini, Alberto Piotti y Hugo Anzorreguy; Alberto Albamonte, Eduardo Varela Cid, Lorenzo Pepe, Raúl Alvarez Echagüe y el Negro Toledo.

Mércuri no había ido. A esa altura de la noche debía de estar por las calles de San Vicente, desairado y furioso. Una broma de Pierri: a las siete de la tarde de ese 5 de octubre, a través de Roberto Alvarez le había mandado decir al Pelado que el festejo era en la quinta Don Tomás. El Muñeco no quería verlo; era *su* fiesta y no estaba dispuesto a sentarse a la mesa con un hombre que, como él, aspiraba frontalmente a la gobernación cuando el benefactor de ambos, Duhalde, dejara el sitio vacante. A Toledo, su otro adversario en esa silenciosa y silenciada contienda, no tenía más remedio que soportarlo, porque había venido acompañando al gobernador. De modo que el Negro estaba allí, simulando una gran alegría cada vez que todos alzaban las copas para celebrar la victoria del Muñeco y la buena fortuna de Duhalde; alzar una copa de a ratos, el único consuelo que lo mantenía risueño.

Duhalde estaba verborrágico. La victoria le había hecho olvidar los malos momentos que debió sortear con posterioridad a los sucesos de la Rural. Aunque no había alcanzado el cincuenta por ciento que presagiaban sus encuestas, había conseguido tres puntos más de los reunidos en 1991, cuando llegó a la casa de gobierno de La Plata.

Animado por el champán, mientras Los Visconti aullaban Zamba de Vargas, el gobernador se permitió una extraña humorada:

—*El compañero Pierri había invitado a unos muchachos del Central, pero desgraciadamente no pudieron venir.*

Todos rieron con ganas, salvo el Muñeco, que a duras penas soltó una sonrisa desganada.

—Lo que pasa —intervino Anzorreguy, jefe de la SIDE—, es que prefirieron ir a comer con los radicales. Mi gente me lo acaba de confirmar por el zapatófono. Es más —dirigió los ojos hacia Pierri y dejó escapar un guiño—, me dieron los nombres de los dirigentes que organizaron todo.

De las risas pasaron a las carcajadas y de inmediato a una serie de enredadas elucubraciones acerca del resultado del comicio, las agresiones al periodismo, la reforma de la Constitución y el futuro de Menem y Duhalde. El gobernador eludió cualquier referencia a su difundido acuerdo con Cavallo. "*Son habladurías*", arguyó.

—Aunque sean habladurías —dijo Alvarez Echagüe—, yo creo que tenés que pensarlo seriamente. Con Cavallo o con quien quieras. El Turco tiembla. No sabe si la reelección le va a salir. Y vos sos el candidato natural.

—Con los radicales nunca se sabe —dijo Pepe.

—Los radichetas van a pactar y entonces vamos a estar todos jodidos —aventuró Toledo.

—¿Jodidos? ¿Por qué? —preguntó con ingenuidad Albamonte—. Yo creo que la reelección de Menem es conveniente para todos.

—¡Para vos será, pibe, para vos! —Toledo se había levantado, y, tambaleándose, señaló a Albamonte con el dedo y le dijo a su jefe—: ¿Y a éste quién lo invitó? ¿El enemigo?

Galmarini pidió calma. Les recordó a todos que se habían reunido para festejar, no para caer en discusiones inoportunas.

—¡Brindemos por el peronismo! —gritó Alvarez Echagüe con el propósito de apaciguar los ánimos.

Pero, como a Los Visconti, nadie lo escuchó.

En algo, sin embargo, todos habían coincidido (y con un énfasis especial Duhalde y Pierri): las agresiones a los periodistas habían sido planeadas por los radicales para desprestigiar al gobierno nacional y al gobernador.

—*Acá* —dijo de pronto Duhalde con energía, como para finalizar el caótico debate—, *todos tenemos que luchar para que salgan las dos reelecciones. Meterse a trabajar mañana mismo. Después veremos.*

Ya era madrugada cuando Galmarini propuso cerrar la fiesta con la marcha peronista. Los Visconti afinaron las guitarras. Todos se pusieron de pie y aguardaron que de la boca de Duhalde saliese la primera estrofa.

Toledo fue el que advirtió que Albamonte y Piotti apenas movían los labios. Con voz cavernosa los increpó:

—Che, che. A ver ustedes dos. O me cantan la marchita o los mando a encerrar dos semanas en el Mercado Central con los amigos del compañero Pierri.

A Duhalde le molestaba sobremanera que sus planes estuvieran sujetos a la suerte que corriera Menem. Se había habituado a ser el hombre imprescindible al que todos acudían para suplicarle por sus votos, y a resolver los asuntos políticos a través de elecciones, de todo tipo, que continuamente había ganado. Ahora, faltando poco más de un año para el comicio presidencial de 1995, se sentía maniatado.

Entregarse exclusivamente a promover la reforma de la Constitución de la provincia para asegurarse la permanencia en La Plata, equivalía a echar por tierra su gran deseo: la presidencia de la Nación en 1995. Pero tampoco podía oponerse de manera desembozada al tratado que Menem pretendía firmar con Alfonsín (y que Luis Barrionuevo y Enrique Nosiglia, se había enterado, andaban tramando). Por eso había resuelto no desestimar ninguno de los caminos: alentar públicamente la continuidad de Menem, y, sostenido en el trabajo de toda la militancia de la Liga Federal, crear las condiciones necesarias para apurar su reelección en la provincia. En este sentido partía con una ventaja. La necesidad de la reforma había sido aprobada por las dos terceras partes de la Asamblea Legislativa provincial en 1989; por lo tanto, según la Constitución vigente, podía convocar a una Asamblea Constituyente prescindiendo de una nueva votación en la Legislatura. Después de todo, algo bueno le había dejado Cafiero por herencia.

De todas formas, era conciente de que el menemismo lo estaba haciendo a un lado. Incluso Cavallo no respondía a sus llamados o esgrimía excusas inverosímiles para evitarlo.

En la mañana del 13 de noviembre Menem lo llamó para invitarlo a la quinta de Olivos sin brindarle mayores explicaciones. Acostumbrado a las espontáneas invitaciones del Presidente y a la naturaleza de sus actividades, Duhalde metió el cuerpo en un jogging beige, tomó la raqueta de tenis y se encaminó hacia la quinta.

Supuso que algo raro ocurría cuando Ramón Hernández, ya en el umbral de la residencia, lo examinó de pies a cabeza y sin esconder la sonrisa le dijo que ese día no habría partido. Acto seguido, el secretario privado del Presidente lo condujo por los senderos del amplio jardín hasta un banco donde Menem lo recibió con un abrazo y una frase que Duhalde jamás habrá de olvidar:

—Hoy es un gran día, Eduardo. Un día inolvidable. Alfonsín aceptó apoyar la reforma de la Constitución.

El gobernador, que continuaba con la raqueta en la mano, esbozó una sonrisa y comentó mecánicamente:

—*Te felicito, Carlos, te felicito de verdad y con todo mi corazón.*

La depresión lo asaltó media hora más tarde, camino a su quinta de San Vicente, adonde corrió a procurar silencio y amparo. Desde allí, luego de haber permanecido encerrado en su habitación a lo largo de media hora, llamó por teléfono a Toledo y a Tavano para referirles la mala nueva. Toledo intentó reanimarlo: "Ya me lo esperaba, Negro. Pero todavía hay que ver qué dicen los demás radicales. Alfonsín no es el radicalismo, che". Tavano buscó disipar la depresión hablándole del futuro. "Que el Turco haga lo que quiera. Pero vos no tenés que calentarte. Hasta el noventa y nueve vas a seguir en La Plata y después nos vamos con vos a la Rosada".

El aturdimiento lo llevará a posponer todos sus compromisos por unos días. A Romá le solicita que se haga cargo de las tareas de gobierno y de los actos oficiales previstos en su agenda; arguye un malestar pasajero y no concurre a la reunión del Consejo Nacional del Justicialismo, que debe presidir, y donde se habrá de bosquejar la campaña por la reforma.

No está muy seguro de lo que deba hacer o decir. Su candidatura se ha desvanecido en el aire. Cavallo no sólo no lo atiende; en cuanto micrófono le ponen delante defiende con pasión la continuidad de Menem, único hombre capaz de asegurar el proceso de transformación del país. Le resulta imperdonable el desdén. Acaso por primera vez en su vida de político, Duhalde experimenta una punzadora sensación de abatimiento. Su amiga Giannettasio lo llama por teléfono y trata en vano de encontrarle el lado favorable al asunto: "Menem te tiene mucho respeto, hasta creo que te tiene miedo. Por eso pactó a tus espaldas. Si hubiera pensado que sos nada más que un figurín sin peso ni voz, te habría invitado a las reuniones. Además, después de esto te despegás más del menemismo".

Sólo el doctor Pacheco, como lo ha hecho tantas veces, logra sacar del letargo al gobernador, y no a fuerza de argumentos políticos sino de medicación.

Pocos días más tarde Duhalde parece sobreponerse a la desventura, y, haciendo de cuenta que no ha sucedido nada que lo perturbe, declara a los medios de comunicación: "*Se trata de un pacto histórico que significa la puesta en marcha de una reforma constitucional consensuada y ansiada por generaciones*".

Al mismo tiempo retoma la campaña por su propia reelección en la provincia. Se reúne con Piotti y Romá para delinear los puntos básicos que contemplará la reforma de la Constitución de la provincia: reelección del gobernador y del vice; ampliación del período ordinario de sesiones de la Legislatura; creación de un Ministerio de Educación; autarquía presupuestaria del Poder Judicial; defensa del medio ambiente e incorporación, con rango constitucional, del hábeas corpus y del recurso de amparo.

El 12 de diciembre, de manera imprevista, se comunica con el Ronco Lence y le hace saber que desea pasar unos días en Mar del Plata, en el hotel que les pertenece a ambos, el Sasso. El repentino desplazamiento no guarda relación alguna con deseos de pescar o echarse en la playa. Unicamente quiere estar lejos de la Casa Rosada, donde al día siguiente, en el Salón Sur, Menem y Alfonsín firmarán el bendito acuerdo político.

Los hombres más prominentes del gobierno asisten al acto. La ausencia de Duhalde mueve a diversas conjeturas, buena parte de ellas ciertas e inocultables: enojo, frustración, desavenencias políticas entre el Presidente y el gobernador. Con un marcado aire de inocencia, Duhalde dirá: *"Yo creí que era una reunión reservada sólo para el presidente de la República y el doctor Raúl Alfonsín; de haber sabido lo contrario, hubiera concurrido yo también"*. Explicación inútil, ya que el propio Menem lo había invitado.

Así como en las elecciones de 1993 había resuelto aplastar a Rousselot, ahora su objetivo es Alfonsín, primer candidato por la provincia en la lista de la UCR para las elecciones de convencionales constituyentes nacionales. Ha meditado lo suficiente acerca del comportamiento del presidente de la UCR, y aún no ha llegado a comprender las razones que lo han movido a volver sobre sus pasos y pactar con Menem. Entiende, con todo, que la concesión de Alfonsín sólo servirá para dividir al radicalismo y sumergirlo en un feroz entrevero cuyas consecuencias

217

saldrán al aire en el comicio. Y esto le causa una gran alegría.

Decide, por lo tanto, colocarse al frente de la lista del justicialismo de la provincia. Porque de esa manera no será el menemismo el que derrote a Alfonsín, sino el propio gobernador. Duhalde quiere darle una lección al hombre que hizo volar por los aires su candidatura presidencial y, de paso, enviar un nuevo mensaje a su principal y más complejo adversario político: el presidente Menem.

En la noche del 10 de abril de 1994 no hubo festejos ni en El Mangrullo, ni en San Vicente. Duhalde estaba apesadumbrado. Del 48 por ciento alcanzado en el comicio de 1993, había caído al 42. Cierto era que su vaticinio acerca del desmoronamiento de la UCR se había cumplido: 13 por ciento; la peor elección del radicalismo en la historia de la provincia. Pero eso no le servía de consuelo. Para iniciar con tranquilidad las sesiones de la Convención Constituyente de la provincia, el gobernador necesitaba 70 representantes, es decir, la mayoría directa en un cuerpo que estaba conformado por 138 convencionales. El duhaldismo había conseguido sólo 65; del resto, 30 eran de la UCR, 23 del Frente Grande y 20 del MODIN. El gobernador temía que una posible alianza de la oposición complicara su reelección.

Ni la encuesta que había ordenado realizar para conocer el ánimo del voto —el cincuenta por ciento dijo haber votado al justicialismo debido a la buena imagen del gobernador— pudo aplacar su desconcierto.

El único peronista satisfecho con el comicio en Buenos Aires era Menem. De los 72 representantes de la provincia que se elegieron para la Convención Nacional, Duhalde había contribuido con 35.

Algo había fallado en el prodigioso mecanismo

de propagación de la estampa de Duhalde y de las obras realizadas por el Fondo del Conurbano. Con premura convocó a su ministro de Obras y Servicios Públicos, el Negro Toledo, y al Gordo Arcuri, presidente del Fondo, y sin miramientos les endilgó toda la responsabilidad.

—*Las cosas no se están haciendo bien* —les dijo con aspereza—. *Hay que moverse más, reactivar la propaganda, asistir a cada uno de los bonaerenses que necesiten asistencia. Así que les informo que haré algunos cambios, no de gabinete, pero sí en la metodología.*

Tan sólo Chiche, presidente del Consejo Provincial de la Mujer —un organismo de naturaleza benéfica—, sería favorecida por el arrebato de su marido: a partir de ese momento el Consejo había de convertirse en una suerte de ministerio con atribuciones insondables.

Chiche comenzó a ocuparse de la coordinación entre los municipios, el gobierno y la Dirección para la Ayuda Social en el Conurbano, rama del Ente de Reparación Histórica. Para hacerse cargo de esa Dirección estratégica (con un presupuesto de 100 millones de pesos al año), el gobernador juzgó prudente escoger a su hermana Cristina. De ese modo, el organismo de Chiche y el Ente quedaron fusionados de hecho. Luego, el Consejo de la Mujer avanzó sobre el Instituto Provincial de la Vivienda y se adjudicó la realización de todos los nuevos proyectos.

El gobernador consideraba que el talento y la capacidad de su esposa para administrar asuntos del Estado eran insuperables: en diciembre 1995, también dejaría en sus manos el Ministerio de Familia y Desarrollo Humano.

17
Cosas de mujeres

Chiche estaba contenta con el nuevo destino que le había tocado en suerte pero no con algunos de los amigos de su esposo. El foco de su enojo era Luis Alberto Colabianchi, senador provincial por el distrito de Magdalena.

Alto, de pelo marrón, barba entrecana y buenos músculos, Colabianchi era un hombre afecto a los chistes, los tragos largos y la vida nocturna. Cada vez que asomaba un conflicto en Salud y Acción Social, los mentideros políticos daban por cierto su nombramiento al frente del Ministerio. Pero, al parecer, su amistad con el gobernador no llegaba a tal extremo; de modo que Colabianchi debía conformarse con la presidencia de la comisión bicameral encargada de controlar los proyectos del Fondo del Conurbano; un cargo que había obtenido luego de trompearse en un par de oportunidades con Reinaldo Pierri.

Con el correr de los años, los matrimonios Duhalde y Colabianchi habían sabido construir una amistad fundada en el goce de pasatiempos sencillos; solían comer juntos en San Vicente o en el campo del senador, en la localidad de Verónica; jugar a las cartas y charlar sobre cine.

Pero a Chiche todo eso ya no le importaba. A través de una de las funcionarias del Consejo de la Mujer se había enterado de cosas que juzgaba inadmisibles: Colabianchi, le habían dicho, usaba las oficinas de la Empresa Social de Energía de Buenos Aires (ESEBA), en la calle 55 entre 7 y 8, para hacer festicholas con mujeres concupiscentes. Chiche no pensaba tolerar que un hombre infiel acomodara las asentaderas en los sillones de su casa. Le hizo saber a su esposo que nunca jamás quería volver a verlo. A Duhalde, que conocía las andanzas de su amigo, la orden de Chiche se le antojó excesiva y extemporánea. Pero no logró convencerla.

A partir de entonces, como si fuera un amante, a Duhalde no le restó otra alternativa que encontrarse a hurtadillas con su amigo en el despacho de la gobernación, ocasionalmente en algún acto partidario.

Pero Chiche fue más lejos aún. Resolvió contarle la historia de las presuntas orgías a la esposa de Colabianchi. Y el senador, pues, debió abandonar su hogar, cabizbajo y maldiciendo a la mujer del gobernador y toda su parentela.

La relación entre Duhalde y el senador se tornó enmarañada y llena de desencuentros; no podían hablarse por teléfono porque Chiche lo tenía prohibido; debían verse a escondidas, jamás en público porque Chiche no lo admitía. El desventurado Colabianchi no le disculpaba a Duhalde tamaña flaqueza. Una mujer no te puede dominar así, le decía. Y, en tanto, tramaba sacarle algún provecho a la situación. Sólo aguardaba el momento oportuno. Que llegó, por fin, en la primera semana de noviembre de 1994.

Colabianchi visitó a Duhalde secretamente, y, de buena manera, le propuso incluir al partido de Magdalena en el plan Génesis 2000, una invención del gobernador mediante la cual se promovía la división de varios municipios con el propósito de distribuir el poder político entre los amigos, o, también, arrancarles una porción de dominio a los enemigos. Así lo había hecho Duhalde meses atrás con San Vicente, a pedido de su amigo Arcuri: de un municipio habían creado dos, Presidente Perón y San Vicente. El Gordo se lo había solicitado a Duhalde para satisfacer un capricho de su mujer, Brígida Malacría, que soñaba con ser intendente. Brígida había estudiado con minuciosidad la situación; su imagen de buena vecina, mujer del presidente del Fondo y amiga del gobernador no llegaba más allá de la avenida San Pedro, hacia el este; así le resultaría imposible triunfar algún día. Era necesario dividir el municipio, cosa que Duhalde hizo y que, en 1995, serviría para coronar los sueños de la señora de Arcuri con la intendencia de San Vicente.

Del plan Génesis 2000 también fue víctima Morón, que, después de haber trazado Duhalde un par de líneas en el mapa, quedó dividido en Ituzaingó, Hurlingham y Morón. En este caso, sin embargo, el objetivo político era despojar al menemista Rousselot de un tercio de su poderío territorial y electoral.

El proyecto que Colabianchi le enseñó a Duhalde era de veras sencillo y similar al de Arcuri. Sólo había que separar Magdalena y Punta Indio. El senador, oriundo de Verónica, la ciudad que pasaría a ser cabecera de Punta Indio, pretendía de ese modo —al igual que la señora de Arcuri— asegurarse la intendencia en el comicio de 1995.

Duhalde aceptó y prometió remitir de inmediato el proyecto a la Legislatura. Enterados de la noticia, los vecinos de Magdalena, Atalaya, Empalme, El Pino, General Mansilla, Bartolomé Bavio y parte de Vieytes salieron a las calles, cortaron las rutas 11 y 36, y finalmente resolvieron ocupar la intendencia para expresar su rechazo al proyecto. Colabianchi se apresuró a movilizar a los habitantes de Verónica, Punta Indio, Pipinas, Alvarez Jonte y Monte Veloz, y los hizo marchar hacia La Plata para apoyar la división.

El gobernador no había siquiera sospechado que el proyecto podía causar semejante escándalo entre los habitantes del norte y del sur de Magdalena. Se comunicó con Colabianchi y le informó que había resuelto posponer el proyecto: francamente no era lo más apropiado causar un revuelo de ese tipo cuando restaban cinco meses para el comicio presidencial de 1995.

Colabianchi, no obstante, violando las reglas impuestas por Chiche, se presentó furioso en el despacho del gobernador; controlado a duras penas por los secretarios Tempone y Abelito Morán, le dijo a Duhalde que le importaba un bledo la imagen del gobierno, y que la división debía aprobarse enseguida. Caso contrario, él tendría "muchas cosas que contar".

El gobernador, presa del odio, llamó a los hombres de seguridad y ordenó que echaran al ex amigo. A la mañana siguiente, sin embargo, remitió el proyecto de división de Magdalena a la Legislatura. Cinco días más tarde estaba aprobado.

Gracias al apoyo de sus vecinos, amigos y contados partidarios, Colabianchi triunfó en el doméstico comicio de mayo de 1995; asumió la intendencia del nuevo municipio de Punta Indio el 10 de diciembre.

18
Reelección: la trama secreta

Tavano parecía un gallo de riña a punto de dar el picotazo. Agitaba los brazos como un loco y echando espumarajos por la boca les advertía a todos que iba a entrar en el recinto; por las buenas o a los golpes, pero iba a entrar. Cuatro policías lo habían rodeado pero en realidad no sabían qué hacer. El intendente de Lomas de Zamora tomó de las manos a sus dos hijos mayores y con arrogancia dijo:

—No seré convencional, pero soy peronista. Y acá adentro se va a decidir el futuro del pueblo peronista. Así que abran paso o háganse cargo de las consecuencias.

Un hombre de seguridad se le interpuso en el camino y, con una mezcla de respeto y temor, volvió a explicarle que con los hijos no podía ingresar.

—¡Mis hijos van a entrar porque también son peronistas, carajo!

El hombre sujetó con fuerza el antebrazo del intendente. Tavano se desprendió con un violento manotazo.

—Me llegás a tocar de nuevo y te doy una trompada que te mato —amenazó—. ¿O no sabés, gil, que tengo la trompada prohibida?

De pronto apareció Raúl Alamid, de la dirección de ceremonial de Mércuri, y le pidió que se marchara. El Tano lo apartó de su camino con un empujón. Alamid, hombre temerario, volvió a colocarse en el medio. El intendente no titubeó: lo arrinconó contra la pared y con una serenidad pavorosa dijo:

—¿Así que es el maricón de tu jefe el que no me quiere dejar entrar? —había alzado el puño derecho—. Te voy a pegar una trompada que te mato. ¿A quién le ganaste, pelotudo?

Entonces estalló el escándalo. La barra de Tavano, que hasta ese momento se había dedicado a observar la escena, irrumpió en el recinto y empezó a golpear a todo aquel que no le resultaba conocido; los hombres de Mércuri, presidente de la Convención, se entreveraron con los del intendente. Unos y otros exhibían revólveres y cachiporras. La pelea no tardó en extenderse a toda la bancada justicialista: pierristas, partidarios de Toledo y de Mércuri se trenzaron a puntapiés y trompadas.

Al percibir que los hombres de Mércuri eran demasiados, Tavano decidió escabullirse. Salió del recinto, se metió en su coche y partió disparado hacia Lomas de Zamora. En el camino, desde un teléfono celular, llamó a su secretario, Rubén Trezza, hermano del Rata, y, después de narrarle el episodio, le dijo: "Ahora tengo a los míos acá en Lomas que quieren guerra, no hay quien los pare. Le voy a pedir a toda la Liga Federal de la provincia que me ayude o acá se produce una masacre. Está todo cagado el Pelado".

Así había quedado inaugurada la honorable Convención Constituyente de la provincia de Buenos Aires.

La atmósfera que se respiraba en el despacho de Duhalde no era de las mejores. A la interna del duhaldismo, que los hombres de Tavano y Mércuri habían trasladado de prepo al interior de la Convención, se le añadía la incertidumbre: su reelección peligraba. La oposición, en los conciliábulos previos al inicio de las sesiones, había convenido establecer en el reglamento interno que la reforma de determinados artículos —entre ellos, el referido a la reelección—, sólo sería factible con el voto positivo de la mitad más uno de la totalidad del cuerpo. El justicialismo necesitaba 70 votos, y contaba con 65. Y la oposición no parecía dispuesta a negociar.

El gobernador pidió consejo a sus asesores legales (entre ellos Juan Bautista Leguizamón, padre de María Laura) y presentó en la Justicia un recurso de amparo pidiendo la nulidad de lo que había resuelto la oposición; en el escrito, el oficialismo solicitaba además la suspensión de las sesiones hasta que se hiciera público el fallo.

El propósito de dicho gesto era lograr que, a diferencia de lo acordado entre el MODIN, el Frente Grande y la UCR, las reformas pudieran considerarse aprobadas con el voto de la mitad más uno de los convencionales *presentes*. De tal modo, cualquier deserción o ausencia imprevista habría de beneficiar los planes del duhaldismo. Además, el gobernador se figuraba que la interrupción de las sesiones le otorgaría tiempo para procurar el respaldo de algunos convencionales del MODIN o de la UCR. Estaba al tanto de las controversias que se habían instalado en el bloque del radicalismo, donde algunos de los diez miembros alfonsinistas (en particular Andrés Aner y Silvano Lanzieri), se mostraban proclives a repetir en la provincia un pacto similar al de Olivos. En el caso del MODIN, Duhalde presumía que no le sería difícil tentar a algunos de sus representantes prometiéndoles regalías y favores políticos.

Pero la buenaventura estaría una vez más de su lado.

El recurso de amparo va a parar al juzgado en lo Criminal Nº 6, a cargo del doctor Claudio Bernard. Un fiel duhaldista, Bernard; gran amigo del secretario general de la Gobernación, Orlando Caporal, activo miembro de un ateneo fundado por el intendente duhaldista de La Plata, Julio César Alak, e hijo de Tomás Diego Bernard, un diplomático que ha llegado a director de la Casa Argentina en París gracias a la mediación de Duhalde. Bernard, además, ha sido designado juez pocos meses antes y un poco a los ponchazos: en 1993, propuesto por el duhaldismo, su nombramiento como juez había sido rechazado por el Consejo de la Magistratura; el 23 de marzo de 1994, por fin, el oficialismo había conseguido el acuerdo del Senado. De todos modos, el gobernador ya no está seguro de nada. Bernard puede brindarle una mano, pero jamás solucionarle los problemas políticos que lo abaten. Luego de ver derrumbarse su anhelo de convertirse en Presidente en 1995 a causa del Pacto de Olivos, ahora, debido al infortunado comicio de abril, hasta su continuidad en la gobernación de la provincia da la impresión de bordear el abismo.

En tanto aguarda la resolución de la Justicia, Duhalde se dedica a construir una febril cadena de intimidaciones y presurosos acercamientos políticos. Amenaza con la instauración de la ley de lemas si el bloque opositor no respalda la cláusula de la reelección (una medida de esa índole, además, le permitirá solucionar los sonoros conflictos internos que seguramente habrán de aflorar en el caso de que se inicie la disputa por su sucesión). Le suplica a Menem que utilice su ascendente sobre Alfonsín para que éste ordene cambiar de postura a sus convencionales; el Presidente lo hace pero Alfonsín repone que no piensa entrometerse en las decisiones del radicalismo de la provincia. El gobernador dirige entonces sus ojos hacia la Convención Nacional que ha comenzado los debates en Santa Fe; se comunica nuevamente con Menem y le formula una argumentación que, supone, es irrebatible:

—*Hay provincias que en sus constituciones contemplan la reelección del gobernador. ¿No te parece injusto que otras no tengan esa posiblidad? Es una manera de proscribir, Carlos, y los peronistas hemos sufrido una larga historia de proscripciones. Yo creo que en el texto de la nueva Constitución tendría que haber un artículo que posibilite la reelección de los gobernadores en todo el país.*

El Presidente le responde que en el Pacto de Olivos no se ha previsto semejante reforma, razón por la cual no desea enturbiar un tratado político que tanto esfuerzo le ha costado conseguir.

Duhalde está consternado. No gobierna (ha confiado los asuntos de Estado en el laborioso Romá, que de hecho, a lo largo de 1994, administrará la provincia); todos los caminos que ha probado hasta el momento lo han conducido a un callejón sin salida. Apenas el buen amigo Bernard parece comprender sus penurias: el día 23 de junio declara inconstitucional el reglamento que había aprobado la Convención y establece la nulidad del artículo 119 (que exigía una mayoría absoluta de 70 votos sobre 138 para la reforma de determinados artículos). Duhalde respira. Con sus 65 hombres, en el caso de que algunos de los convencionales de la oposición se ausenten, podrá consumar su ambición.

El alivio, sin embargo, no habrá de durarle mucho tiempo. La oposición apelará la resolución y semanas más tarde la Corte Suprema de la provincia, a través de un fallo que sentará jurisprudencia en materia de reformas constitucionales, establecerá que la Justicia no puede juzgar u opinar en los conflictos que se suscitan en el interior de la Asamblea.

Las cuentas, otra vez, no cierran. Faltan cinco, tan sólo cinco votos. ¿Qué hacer para obtenerlos? Duhalde resuelve acudir a todas las artimañas posibles.

En la última semana de julio, en la quinta Don Tomás, el gobernador se reúne con Pierri, vicepresidente primero de la Convención Nacional; Gilberto Oscar
Alegre, presidente de la Comisión encargada de discutir el tema reelección; Carlos Díaz, el Laucha, presidente del bloque de convencionales peronistas; Aní-
bal Fernández, convencional por Quilmes, leal
discípulo de Duhalde, y el Pelado Mércuri.

Alegre, un ex cafierista de General Villegas, le hace saber a Duhalde que el radical Aner ha dejado entrever su deseo de llegar a un acuerdo. Aner quiere
dinero, dice Alegre. Al gobernador le interesa, pero
con un voto, dice, no basta. Por lo demás, en la estra-
tegia que se ha propuesto llevar adelante no hay ca-
bida para los radicales. Su objetivo es el riquismo,
ese movimiento informe donde han confluido personas de toda catadura. La estratagema ideada por Duhalde contempla argumentos políticos, promesas de
cargos en el poder, y no desecha, como última vía, la
persuasión económica.

A Pierri le encomienda conversar con Rico, en
Santa Fe. El Muñeco debe ofrecerle al carapintada razones éticas y políticas: un hombre que se dice peronista no puede de manera alguna aceptar proscripciones; si Rico desoye esa argumentación, deberá
asegurarle que sus hombres tendrán las puertas
abiertas para ocupar diversos cargos en el gobierno;
por último, queda apelar, de modo decoroso, a la retribución económica.

Fernández, Mércuri, el Laucha Díaz y Alegre, se
ocuparán de los convencionales provinciales del MO-
DIN. El propósito es fragmentar el bloque, enemistar a
unos con otros mediante el empleo de razones políticas y, también, ofertas de un buen porvenir.

A pesar de que se ha mostrado intransigente en
su tesitura contraria a la reelección, Rico acepta conversar con Pierri. El primer encuentro se lleva a cabo

el 31 de julio, en Santa Fe. El Muñeco, aleccionado por su jefe, se explaya acerca de todos los beneficios que el carapintada obtendrá a cambio de esos cinco votos. El ofrecimiento seduce a Rico. Dice que lo debe meditar. Pide hablar con Duhalde.

El gobernador lo recibe en La Plata y días después en San Vicente. Rico le explica que los miembros de su bloque son veinte; quebrar tantas voluntades será difícil y además muy costoso, en todo sentido. Exige, también, que la reelección esté sujeta no a la modificación de un artículo sino al añadido de una cláusula transitoria que permita la realización de un plebiscito obligatorio y vinculante. Duhalde estima razonable la petición y ambos resuelven delegar la discusión de los detalles del acuerdo en sus representantes. El Laucha Díaz, Alegre y Fernández serán las voces autorizadas del duhaldismo. Alberto "Toto" Lentini, Emilio Pedro Morello, y los convencionales Oscar Mingote (intendente de Florencio Varela en tiempos de la última dictadura) y Oscar Zilocchi, de General Sarmiento, hablarán por Rico.

Morello y Lentini, acaso los hombres más leales y obsecuentes que tiene Rico, merecen un párrafo aparte.

El lazo que une a Rico y Lentini se remonta a la época de las memorables gestas del líder carapintada. Lentini, amigo y vecino de Zilocchi, le facilitó a Rico el 30 de diciembre de 1987 la casa del country Los Fresnos, en Bella Vista, para que el militar cumpliera allí el arresto domiciliario que le había sido impuesto. Luego, el 15 de enero de 1988, organizó la fuga de Rico de ese sitio. No sólo lo ayudó a escapar: en su coche lo llevó hasta la localidad de Monte Caseros, en Corrientes, donde Rico se aventuró en un nuevo levantamiento.

Morello (secretario general del MODIN y capitán del Ejército pasado a retiro en 1988, a raíz de su activa participación en los levantamientos carapintada), fue vinculado por el juez federal Juan José Galeano al atentado contra la AMIA; en diciembre de 1995, al considerar que Morello podría estar relacionado con la banda de civiles y militares —retirados y en actividad— que habría proporcionado los explosivos utilizados en el hecho, Galeano dispuso el allanamiento de su casa en Bella Vista. Pero los enviados del juez no pudieron ingresar: en el juzgado nadie sabía que Morello era diputado nacional, protegido, por lo tanto, por la inmunidad parlamentaria.

En tanto Duhalde y Rico dialogaban, Fernández cometió una imprudencia. Le ofreció un millón de dólares al convencional riquista Miguel Di Cianni, de Berisso, a cambio del voto positivo. Di Cianni se lo hizo saber a Julio Carreto, presidente del bloque del MODIN, que hizo público el intento de soborno, ajeno como estaba hasta ese momento a las negociaciones en las que andaba metido su jefe, Rico, con el gobernador.

Enterado de la charla del apresurado Fernández con Di Cianni, Luis Polo, presidente del MODIN en la provincia, pero no convencional, convocó de inmediato al bloque. Como Carreto, no entendía a ciencia cierta qué ocurría a su alrededor.

—Al que saque los pies del plato —dijo el ex teniente coronel carapintada a los convencionales en tono marcial—, se los cortamos. Y el que no venga a las sesiones, que mande su partida de defunción o si no se la vamos a tramitar nosotros.

—Acá pasan cosas raras— intervino Hernán De Benedetti, un médico de la localidad de Nueve de Julio—. Pero, pase lo que pase, yo les adelanto que no voy a transar con nadie. Yo voy a respetar el mandato que me dio la gente de mi ciudad, que es no a la reelección.

Las secretas conversaciones entre los dinámicos hombres de Duhalde y Rico continuaron. La última se realizó el 4 de agosto en la residencia de Lentini, en la calle Francisco Bourel 141, Bella Vista.

Las indicaciones de Rico habían sido precisas: apoyo a la reelección (pero supeditada a la realización de un plebiscito obligatorio donde el gobernador debería alcanzar el cincuenta por ciento) y una retribución de 22 millones de dólares para distribuir entre los convencionales. El MODIN, por lo demás, se comprometía a aprobar la inclusión de una cláusula que posibilitara la privatización de los casinos, algo que Duhalde deseaba con obstinación.

El Laucha Díaz y Alegre aceptaron. Tenían instrucciones del gobernador para aceptar cualquier propuesta que considerara la reelección. Duhalde celebró esa misma noche con un imponente asado en San Vicente.

Rico, que apenas un mes antes había declarado que "ni loco" habría de pactar con el oficialismo, entendió que debía ofrecerles a sus convencionales un buen argumento político. Los reunió en un salón del Pasaje Dardo Rocha, en La Plata. Los veinte llegaron con una puntualidad admirable. Pero Rico no estaba. Lo aguardaron más de media hora hasta que por fin apareció. Tenía cara de pocos amigos. Consigo traía una pizarra enorme, un grueso marcador negro y un puntero. Sin pronunciar palabra, se puso a dibujar: un pene, unas muletas y un adoquín. Encerró la obra en un círculo, carraspeó y, al tiempo que señalaba la pizarra con un puntero, dijo:

—Esto es el MODIN. Porque al MODIN le faltan huevos, parece un adoquín que no se mueve, y sólo se puede mover con muletas. No podemos seguir siendo Chirolita. Fijensé lo que pasa en el país. Menem consigue la reelección; Cavallo la guita, y los radicales y los zurdos del Frente Grande una Constitución socialdemócrata. Por eso, compañeros, decidí firmar con Duhalde este histórico acuerdo.

—¡Esto es una vergüenza! —lo interrumpió De Benedetti—. ¿Con qué cara puedo yo volver a mi ciudad? ¿Cuánta guita hubo? Quiero saber por cuánta guita me vendieron. Y les digo: no cuenten conmigo.

—Hacé lo que te parezca. Pero Rico tiene razón. Hay que ser protagonistas en esta Convención— terció Carreto.

—¿Vos también arreglaste? —le espetó De Benedetti a Carreto—. ¡Decíme, decíme cuánta guita te dieron, hijo de puta!

Carreto se incorporó.

—Si me insultás, las cosas van a terminar mal.

—¡Mal para vos, hijo de puta! —gritó De Benedetti y acto continuo le dio un puñetazo al jefe del bloque.

Algunos convencionales sujetaron al médico de Nueve de Julio, que parecía decidido a arrancarle los ojos a Carreto. Solamente el ex comisario mayor Pedro Noel, de Bahía Blanca, se atrevió a felicitar a De Benedetti.

Rico, luego de plegar la pizarra, se marchó sin añadir nada. El denominado "Acuerdo por los bonaerenses" firmado entre el justicialismo y el MODIN, que comprendía, entre otros puntos, una expresa condena al aborto; posibilidad de implantar la enseñanza religiosa en las escuelas públicas y eliminación de proyectos electorales como la Ley de Lemas, fue anunciado oficialmente por Rico y Duhalde el 9 de agosto, durante una conferencia de prensa en la Universidad del Litoral, en Santa Fe.

El afán de Duhalde vio forma definitiva en la noche del 9 de septiembre. Luego de quince horas de debate, con la asistencia de los 138 convencionales y una que otra escaramuza entre De Benedetti y Carreto, la Convención Constituyente de la provincia aprobó la reforma del artículo 110, referido a la reelección del gobernador y el vice. A través de una cláusula especial quedó establecido, además, la realización de un plebiscito para ratificar la medida. Duhalde deberá obtener el cincuenta por ciento de los votos. A favor de la reelección hubo 84 votos —65 del justicialismo y 19 del MODIN—, frente a los 54 que sumaron la UCR, el Frente Grande y el solitario De Benedetti, que se opuso a viva voz.

Semanas más tarde, en el bar "La esquina de San Juan" (más conocido como "el ocho menos cinco", por su ubicación en las calles 7 y 55 de La Plata), el convencional radical Pablo Pinto se encontró casualmente con el Laucha Díaz, Alegre y otros dos convencionales más del justicialismo. Pinto estaba amargado, aún no entendía el porqué del pacto Duhalde-Rico. Los duhaldistas, en cambio, no podían ni pretendían ocultar la alegría; tomaban champán, recordaban los momentos más entretenidos de la Convención y reían como desaforados.

De pronto, con una sonrisa en la boca, Pinto preguntó:

—¿Es cierto que arreglaron por veintidós palos verdes?

El Laucha casi se atraganta con un canapé.

—¡Estás loco! —replicó—. Los arreglamos con doce.

—Ah, encima los engañaron —bromeó Pinto.

—No, lo que pasó —explicó el Laucha—, fue que ellos se echaron atrás en la votación del tema de la privatización de los casinos, después de prometernos su apoyo. Y acuerdos son acuerdos, che.

Lentini fue designado subsecretario de Gobierno del intendente Luis Ortega, en General Sarmiento, dos meses después de la curiosa votación; además, en esos días habría depositado 658 mil dólares en el Banco Central de Paraguay, en una cuenta abierta a nombre de un tal Esteban Alvariño, presunto testaferro suyo. Morello compró un Mercedes Benz y una casa, en Bella Vista, cuyo valor sería de 250 mil dólares. El radical Andrés Aner, que había conversado con Alegre y presentado, incluso, un proyecto de reforma que contemplaba la reelección, fue expulsado de la UCR.

La victoria de Duhalde en el plebiscito del 2 de octubre fue clara e irreprochable: obtuvo el sesenta y dos por ciento de los votos. Para el gobernador tuvo un sabor especial: lo había logrado solo, sin el apoyo o sostén de Menem.

A las once de la noche de ese domingo, desde el balcón de la casa de gobierno de La Plata y con una comprensible altanería, se lo hizo saber al Presidente: *"Yo seré reelecto no porque lo haya dicho una Corte, una legislatura o una Convención. Seré reelecto porque mi pueblo, el pueblo de la provincia, lo quiso en las elecciones de hoy"*.

Chiche le besó la mejilla. Galmarini, Piotti, Mércuri, Romá y Pierri lo abrazaron. El gentío que se había arracimado en la calle gritaba, de cara al balcón: "¡Duhalde presidente!".

Menem, que tenía previsto hacerse una escapada a La Plata en el helicóptero presidencial para felicitar a su camarada, súbitamente decidió quedarse en Olivos. "Las condiciones climáticas son malas", se excusó. En efecto, el clima de La Plata no era el más apropiado para el Presidente.

CHAU, MENEM

Yo no busco diferenciarme del menemismo.
No es necesario. No puedo tratar de diferen-
ciarme de algo que no soy, nunca fui y ja-
más seré. Yo soy un peronista biológico.

EDUARDO DUHALDE

Los hombres del Servicio de Inteligencia Gremial y Político de la Provincia de Buenos Aires (SIGPBA) decidieron actuar por su cuenta, movidos acaso por un celo excesivo y el deseo de conquistar algún elogio. Los muros y fachadas de toda la zona sur del conurbano amanecían plagados de la consigna "Chau Menem", y, se figuraron, eso irritaría al gobernador, cuyos intereses políticos debían custodiar. En las paredes de Almirante Brown, Lanús, Florencio Varela, Quilmes, Berazategui, y, en especial, Lomas de Zamora, podía leerse "Chau Menem" escrito en rojo, negro, blanco o verde; con pintura, brea o tiza; en minúsculas o mayúsculas.

Los agentes se lanzaron a las calles con el propósito de arrestar a los activistas. En la madrugada del 21 de marzo de 1995, en las esquina de la avenida Eva Perón y Güemes, a unas quince cuadras de la estación Temperley del ferrocarril, detuvieron a media docena de muchachos que andaban pintando ese mensaje en los muros del barrio. A los empujones los llevaron a la comisaría 3ª de Temperley, en la calle Santa María de Oro al 300. Pero los muchachos, lejos de parecer asustados o temerosos, reían y hasta se permitían algunas bromas.

"Se están metiendo en un quilombo", dijo de pronto Rolando Nievas, uno de los arrestados, y del bolsillo del pantalón extrajo una tarjeta que le enseñó a los agentes: "Juan Bruno Tavano - Intendente de Lomas de Zamora". Al ver la cara de azoramiento del policía, el detenido Carlos Blanco sacó del bolsillo de la camisa otra tarjeta. "Hugo David Toledo - Ministro de Obras y Servicios Públicos del gobierno de la provincia de Buenos Aires".

"Si tienen algún problema, hablen con ellos o con Duhalde", dijeron a coro los muchachos.

A la mañana siguiente, los hombres del SIGPBA recibieron la orden expresa del secretario de Seguridad del gobierno de la provincia, Alberto Piotti, de dejarse de embromar con procedimientos inoportunos.

En la campaña electoral de 1995, el apellido del Presidente desapareció de los afiches que el duhaldismo encargó pegar en las paredes de la zona sur. El operativo "Chau Menem" en los pagos donde el duhaldismo es la fuerza excluyente fue organizado, de manera minuciosa y secreta, a través de Tavano, Toledo, Pierri y Mércuri, quienes delegaron la tarea en sus punteros de la región.

Cuando en esos días se realizó el encuentro de la rama femenina del justicialismo en Lanús, más de veinte mil mujeres cantaron hasta quedarse roncas: "¡Es para Carlos que lo mira por tevé!".

Las animadas tertulias en la casa del eterno Lorenzo Miguel, donde Duhalde y el dirigente de la Unión Obrera Metalúrgica toman champán y traman los pasos futuros hacia una era duhaldista sin riojanos que estorben el camino, ya se han convertido en un hábito.

En las reuniones con el grupo de empresarios que encabeza el poderoso Santiago Soldati, los propietarios del país se refieren a Menem con algo de sorna y, a menudo, como un hombre que ha comenzado a hacer horas extra. Esperan, con paciencia, que su turno finalice. *"El Turco ya fue, como dicen ahora los pibes"*, bromea Duhalde, y Soldati se echa a reír.

A lo largo de los años la relación entre Menem y Duhalde mantuvo su utilidad gracias a una oportuna sucesión de similitudes. Primero fue la conveniencia, luego la emulación y por momentos la simpatía. Para el gobernador, sin embargo, la conveniencia se ha convertido en inconveniencia; la emulación, en un despropósito político, y la simpatía en un duro esfuerzo. Ahora es tiempo de mera simulación; hacer de cuenta que respeta y tolera y comparte el proyecto del Presidente, cuando en realidad él y Menem son dos adversarios irreconciliables, por la sencilla razón de que hay un solo punto en el que convergen: ambos anhelan lo mismo.

Después del comicio de mayo de 1995, luego de haber obtenido más del cincuenta por ciento de los votos en su provincia y contribuido a la victoria de Menem con más del cuarenta por ciento de los votos que eligieron la fórmula presidencial, Duhalde dijo basta. Nunca antes un peronista había logrado acumular tanto poder en la provincia: económico, partidario y electoral.

Sin embargo, esa noche del domingo 14 de mayo, durante la conferencia de prensa que ofreció en la casa de gobierno de La Plata, el rostro de Duhalde parecía el de un hombre abatido. El gobernador no estaba del todo satisfecho. Se había propuesto lograr en su provincia una diferencia de diez puntos sobre Menem para que ya nadie abrigara dudas acerca de su poderío. Pero el escrutinio los mostró cabeza a cabeza, separados apenas por un par de puntos. *"Carlos tendría que agradecerme el favor que le hice cuando salí a hacer campaña contra el corte de boleta. Todavía no sé por qué le seguí la corriente cuando me lo pidió"*, le diría a su amigo Tavano, sin ocultar la amargura, al día siguiente.

Queda por dilucidar qué ocurrirá entre los hombres de la barra de Lomas cuando Duhalde abandone la gobernación y se entregue por completo a la campaña para el comicio presidencial de 1999.

Es algo que muchos de sus buenos amigos aguardan. Pierri y Toledo ni siquiera han sido capaces de esperar el momento: a mediados de 1994, cuando la reelección del gobernador era todavía un enigma y Menem pensaba en el nombre de su compañero de fórmula, Toledo se reunió con Bauzá, mientras Pierri se entrevistaba con el Presidente. "Duhalde es el mejor candidato a la vicepresidencia", dijeron ambos, en un tono que sonó más a súplica que a sano consejo. A los dos hombres de confianza del gobernador los animaba idéntico objetivo: sacar del medio a Duhalde e iniciar ya la batalla por la sucesión.

Todo indica que la postulación de Duhalde a la presidencia de la Nación en 1999 servirá para reavivar en la provincia de Buenos Aires las calurosas internas que en otros tiempos fueron los rasgos más distintivos del peronismo.

Muerto Bujía, no habrá quien pueda poner un poco de orden con cuatro gritos y una precisa mirada de soslayo. Pero allí estarán Toledo, Pierri, Tavano y Mércuri para tornar más entretenido el final de siglo.

Eduardo Duhalde, en tanto, da la impresión de ser un hombre que confía ciegamente en su buena fortuna. Ha resuelto donar su quinta de San Vicente y transformarla en un hogar para chicos desvalidos. Pero la donación se formalizará en 1999. Un gesto comprensible. La residencia de Olivos es un sitio ciertamente más distinguido y confortable.

Indice

Esta edición
se terminó de imprimir en
Cosmos Offset S.R.L.
Coronel García 444, Avellaneda,
en el mes de marzo de 1996.